先進事例から学ぶ

成功する公共施設マネジメント

南 学［編著］

学陽書房

はじめに

　本書は、主として「公共施設等総合管理計画」の策定を担当する自治体の企画・財政・管財・行革担当に向けて論点整理と実践方法を解説しています。この担当以外にも、地方議会議員や自治体から作成受託をしている、あるいは、それを意図しているコンサルタント（の担当者）も含めるとともに、公共施設の指定管理者として実際に管理運営している事業者も対象としています。

　それは、公共施設マネジメントが、施設というハードウェアに関して単に計画を策定して、総面積の圧縮を図るだけでなく、経費削減、施設からの収益確保、公有資産の売却や貸付による歳入確保等の手法も含まれるからで、行政政策の主要なメニューとして公会計改革への視点も重要となるからです。

　一般的な概要解説、学術的な分析、先進事例の紹介などは、既存の出版企画でも扱われています。本書はそこからさらに踏み込み、自治体の担当者が、論点を正確につかむとともに、もっとも大事な「実践」をどのようにすすめるのかという「戦術」的な紹介をすることに重点をおいています。

　公共施設等総合管理計画は、施設総面積の圧縮が基本となりますが、経費削減と受益者負担額の見直しや、民間の発想による収益事業の展開など、公共施設を公民連携の手法で最大限に活用する発想がなければ、単なる机上のプランに終わってしまう可能性があります。

　より、具体的かつ現実的に、計画を進めていくには、公共施設のあり方を厳しく問いかけながら財源を確保する姿勢が必要となります。

　本書がそのための一助になれば幸いです。

2016年9月　　南　学

目次

はじめに …………………………………………………………………………… 3

序章 着実な公共施設マネジメントをすすめるための論点

1 「計画策定」後の一歩が見えない、という悩み …………………… 12
- 従来型「計画策定」プロセスの限界が見えてきた ………………… 12
- マネジメント推進で留意すべき5つの観点 ………………………… 13
- 客観的なデータを活用した発想の転換が必要になる ……………… 15

2 これからの公共施設のあり方を考える ………………………………… 17
- 「使われていない」公共施設を市民目線で最大限活用する ……… 17
- 公共施設でも資産価値の活用で収益を確保できる ………………… 18

第1章 未体験の「計画策定」に直面する自治体

1 ほぼ全自治体が計画策定に取り組む …………………………………… 22
- 計画策定に向けての戸惑いも ………………………………………… 22
- ノウハウ不足への不安 ………………………………………………… 24
- 計画策定の手法(手順)についての理解にも不安 ………………… 26
- 大半の自治体で技術系職員が不足している ………………………… 27

2 「計画のための計画」にとどまる傾向も ……………………………… 29
- 4年かかった計画策定作業 …………………………………………… 29
- 「実践」による検証がない計画 ……………………………………… 30

- ●「総合管理計画」は計画先行になる危険性も………………………… 32
- ●「除却債」の適用は慎重に………………………………………………… 34

3 縦割り「総合計画」型の限界……………………………………………… 36
- ●「総合計画」との整合性が問われる「再配置計画」…………………… 36
- ●「総合計画」、「合併計画」からの抵抗…………………………………… 36
- ●総合計画のそもそもの存在価値を疑う………………………………… 38
- ●総合計画型の公共施設再配置計画は可能か…………………………… 41

4 公共施設マネジメントの方程式と行政サービスのポートフォリオ…… 43
- ●行政サービスのポートフォリオ………………………………………… 43
- ●公共施設マネジメントの方程式………………………………………… 44

5 事業別財務諸表による公共施設マネジメント………………………… 46
- ●事業別財務諸表でマネジメントメニューが見える…………………… 46
- ●施設・設備更新の優先順位決定に活用する…………………………… 49
- ●複式簿記・発生主義会計の優位性……………………………………… 51
- ●款項目の「目」と実施「課」を一致させる…………………………… 54

6 使われていない公共施設における受益の偏在と負担の明確化……… 56
- ●公共施設マネジメントにおける「受益者負担見直し」の意義……… 56
- ●「受益者負担」概念の再検討……………………………………………… 56
- ●受益者の偏在を前提に考える…………………………………………… 57
- ●公共施設の利用者は意外と少ない……………………………………… 60
- ●正確で客観的なデータによる受益者負担率の改訂が必要…………… 61

7 複合施設としての公共施設……………………………………………… 65
- ●公共施設は「設置条例」によって縦割りに…………………………… 65
- ●学校施設を利活用することの法的・実態的位置づけ………………… 67
- ●図書館も公民館も複合施設……………………………………………… 69
- ●文化施設の観光機能を活用することも………………………………… 71

8 コスト感覚による緊張感と責任の明確化 ……………………………… 73
- 公民連携よりも「経費削減」が優先した指定管理者制度 ……………… 73
- フルコストが把握できない、これまでの公会計の構造 ………………… 74
- 指定管理者の「利益」が計上されていない「不思議」 ………………… 76
- 積極的な公共施設活用のための「公民連携」 …………………………… 78
- 民間事業者だからできる発想 ……………………………………………… 79

第2章 公共施設マネジメントの効果的推進手法

1 シームレスな計画と実践の手法 ………………………………………… 82
- 苦労の末に「計画」を策定したが、「何から」始めるか ……………… 82
- 計画策定担当と施設管理担当との温度差 ………………………………… 84
- 現場担当職員とトップ・中間管理職との「温度差」 …………………… 85
- 「計画」に当面の実施計画をビルトインする工夫 ……………………… 86
- 「厳しい課題設定」によって、庁内と市民に緊張感が生まれる ……… 89

2 「白書・計画」では実践は進まない …………………………………… 90
- 「白書」から始まった、公共施設マネジメント ………………………… 90
- 「固定資産台帳」を活用する必要性 ……………………………………… 91
- トップのリーダーシップを制度化する …………………………………… 92
- マネジメントの体系を常に念頭におく …………………………………… 95

第3章 公共施設マネジメントを事例から学ぶ

1 可能な資産活用からはじめるリアリズムとロマン …………………… 98
- 全国から視察、講演依頼が殺到した秦野市の取り組み ………………… 99
- 数字で危機を示す「特別付録」 …………………………………………… 99
- 基本方針を明確にして、具体的にすすめる ……………………………… 101

- ●「削減でもサービスは低下しない」をシンボル事業で実証 …………… 104
- ●リアリストでありロマンチストである職員がまちを支える ………… 106

2　即効的な財源確保となる包括保守点検管理というイノベーション …… 107
- ●約200件の法定点検業務契約を一本化し経費を2割削減 …………… 107
- ●技術職がいない町役場での対応 …………………………………… 109
- ●性能発注を可能にした「対話方式」 ……………………………… 111
- ●縦割りの弊害を解消することで、コスト削減を生み出す …………… 114
- ●「特殊解」を「一般解」に ………………………………………… 115
- ●流山市における包括委託への発想 ………………………………… 117
- ●まんのう町、我孫子市の経験から学ぶ …………………………… 118
- ●技術系職員の少ない、人口20万人以下の自治体の悩み ……………… 120
- ●バルク型契約などの創意工夫も組み込む ………………………… 120
- ●性能発注の考え方 …………………………………………………… 122
- ●包括施設管理業務委託のメリット ………………………………… 123

3　小さな町の小学校統合から生まれた大きなプロジェクト ……… 125
- ●差し迫った課題解決へのプロジェクトで学習効果が ……………… 125
- ●公立図書館よりも大きな学校図書室 ……………………………… 126
- ●「不便な立地」を逆手にとる ……………………………………… 127
- ●「大きすぎる」規模を最適規模に ………………………………… 128
- ●地域のシンボルとなり、統廃合のメリットを実証 ………………… 130

4　図書館「論争」から生まれる公共施設の目的 …………………… 132
- ●「あり方」について議論を巻き起こすことの価値 ………………… 132
- ●画一的な日本の図書館と社会変化に対応する米韓図書館 ………… 134
- ●武雄市図書館のイノベーション …………………………………… 136
- ●機能の分離と組合せ ………………………………………………… 138
- ●武雄市の「消費的サービス」と伊万里市の「価値創造支援サービス」…… 140
- ●価値創造には多くの時間とエネルギーが必要 ……………………… 141
- ●消費的サービスは、価値創造支援サービスの契機に ……………… 144

5 民間の発想で収益を実現した公共施設マネジメント ……… 146
- 「行政から発注」の限界 ……………………………………… 146
- 市民の寄付によるまちづくりのシンボルであるはずが ……… 148
- 改革は、民間主導の「行財政改革審議会」から ……………… 150
- 行政とは違う民間事業者からの提案と発想 …………………… 152
- 形式的な「公民連携・協働」を超えて ………………………… 154
- 収益を目的とした公共施設という概念も可能 ………………… 155
- 社会教育施設よりも、観光施設としての位置づけからの出発 … 156
- 政権交代を機に、従来の発想を超えた戦略を設定 …………… 158
- 民間事業者だからできる発想 …………………………………… 159
- 民間事業者が公共施設を活用する際の利点 …………………… 162

6 学校施設の最大限活用としての体育館とプール機能の見直し … 164
- 改善が必要な避難所としての学校体育館 ……………………… 164
- 学校以外には難しい既存施設活用の避難所設置 ……………… 166
- 避難所として絶対に必要な洋式トイレ、シャワーなど ……… 167
- 避難所対応の設備は日常的なスポーツ活動にも使用可能 …… 168
- 学校のセキュリティは「閉鎖型」で確保できるのか ………… 171
- 合理的な設置理由が見つからない「学校プール」 …………… 173
- 学校プールの存在と水泳授業とのアンバランス ……………… 175
- コスト面からみた学校プールの改革方向 ……………………… 176
- 学校プール跡地の活用で、財源を生み出す …………………… 180

7 リース方式による庁舎整備で使用の終期設定を図る ……… 182
- 「行政が庁舎を所有する必要はない」という発想から ……… 182
- 公務員の役割を限定的に捉える合理主義の伝統 ……………… 184
- 民間事業者の役割も明確に示した ……………………………… 185
- 「終期設定」が必要となるリース契約 ………………………… 187
- 手続き期間が短くなることで、時間コストも低くなる ……… 188
- リスク分担によって、公民双方の責任区分が明確になる …… 188
- 経済原則を基盤にした合意形成のあり方が問われる ………… 190

第4章 包括保守点検委託の実践とマニュアル

1 専門性が確保できていない現実 ……………………………… 192
- 技術系職員の不在 …………………………………………………… 192
- 実践から見えた包括委託の効果 …………………………………… 193

2 包括委託の実践手順 …………………………………………… 195
- 性能発注の仕様書づくり …………………………………………… 195
- 予算編成の手法(部局をまたがる「節」予算の統合)…………… 196
- 庁内の合意形成と発注プロセス …………………………………… 198

3 地元事業者との良好な関係構築 ……………………………… 203
- 地元事業者への配慮 ………………………………………………… 203
- 包括施設管理業務委託の実践 ……………………………………… 207

4 包括管理業務委託のマニュアル ……………………………… 208

第5章 保有施設の評価手法

1 「所管」と「利用」、双方の視点から ………………………… 216
- 「品質」向上のための評価に向けて ……………………………… 216

2 保有施設の再分類 ……………………………………………… 217
- 施設の再分類とその必要 …………………………………………… 217
- 再分類の活用方法 …………………………………………………… 219

3 保有施設の簡易評価 …………………………………………… 221
- 簡易評価手法 ………………………………………………………… 221
- 「管理者視点」からみた簡易評価 ………………………………… 222
- 「利用者視点」からみた簡易評価 ………………………………… 223

4 簡易評価を用いた整備方針 ……………………………………… 226

5 公共施設等総合管理計画の内容 ………………………………… 228

6 公共施設等の整備手順と総合管理計画の位置付け …………… 230
　● 自治体全体の状況把握（PHASE 1）………………………………… 230
　● 全体保有建物の実態把握（PHASE 2）……………………………… 231
　● 対象・近隣施設の機能分析（PHASE 3）…………………………… 231
　● 保有施設による再マネジメント計画（PHASE 4）………………… 232
　● 近隣民間・自治体との連携（PHASE 5）…………………………… 232

第6章 会計情報と施設マネジメントとの連動

1 施設管理と公会計 ………………………………………………… 236

2 公会計上の「資産」……………………………………………… 238

3 施設保有コスト（将来の税収拘束額）………………………… 241

4 施設保有コスト（将来の税収拘束額）のシミュレーション … 242

5 耐用年数から利用年数へ ………………………………………… 246
　●「耐用年数」の考え方 ………………………………………………… 246
　●「配賦基準」の考え方 ………………………………………………… 250
　● 業務改善の視点 ……………………………………………………… 252
　● 財政計画への連動 …………………………………………………… 255
　● 世代会計による平準化 ……………………………………………… 255
　● まとめ ………………………………………………………………… 258

序章

着実な
公共施設マネジメントを
すすめるための論点

1 「計画策定」後の一歩が見えない、という悩み

●従来型「計画策定」プロセスの限界が見えてきた

　平成26年4月に、総務省が「公共施設等総合管理計画」の策定を全国の自治体に要請（平成26年4月22日通知：総財務第74号）したためにほとんどの自治体が「計画策定」に取り組み始めた。しかし、多くの自治体から、「具体的に計画を進めるために、どこから、どのように取り組むのかが見えない」という悩みが聞こえてきている。

　具体的な計画の進め方に悩む一つの要因として、取り組みの手法やレベルが、「施設総面積の縮減」という目標設定にしばられ過ぎている傾向にある。また、精緻な計画を示さないと、庁内も、市民も、議会も納得できない可能性があるということで、庁内調整に時間と労力をかけて、面積縮減・再配置への「割り当て」を各部局と調整する議論ばかりが先行してしまうなどの「計画策定疲れ」がある。

　もう一つの要因として、「計画策定」が、従来型の「総合計画」的な手法をとっているために、施設の再配置において、どの施設から進めるのかという選択の意思決定が進まない状況もある。従来のように「拡充」の計画であれば、大きな抵抗がないために、複数の計画を同時に進めることも可能であった。ところが、どの程度の「縮小」とするのか、「統廃合」ならどの施設とどの施設との組みあわせなのか、という点での選択肢が多数存在するために「的」を絞りきれない。さらには、大きな壁として、既存の施設利用者の反発があり、計画通りの進捗が期待できないという事情がある。

　また残念ながら、計画策定のプロセスとして、「そもそも公共施設

の役割とは何なのか、その利用者と利用形態の想定を見直す必要があるのかどうか、管理運営形態や経費と利用料金との適正な関係とは」というような本質的な議論がほとんどなされていないことが懸念材料となっている。公共施設のあり方に関する本質的な議論を避けていては、現実に、施設の統廃合を具体的に検討する際に、混迷を深める可能性が大きいことは指摘されなければならない。

　老朽化した公共施設のすべてをそのまま更新することは、財源確保の観点から不可能なため、総面積の縮減を図るという基本方向が議論され始めてから数年が経つ。先行して取り組んだ自治体では、有識者検討委員会を設置し、数年間を費やして「公共施設再配置計画」を作成し、総面積の約半分をしめる学校に他の公共施設機能を組み込むなどの方向を打ち出した。

　しかし、統廃合の対象となる施設では、管理部局が複数となり、特定の利用者が存在しているので、簡単には統廃合への合意形成ができないことも、判明したのである。さらに、計画策定部署と更新事業実施部署が別になっている縦割りの組織構造から、思うように取り組みが進まない状況にある。具体的な対応策の実施に手をこまねいているうちに、建築後50年以上を経過している施設の老朽化はさらに進んで危機的状況に近づいている現状にある。

　多くの自治体は、現状分析、計画策定、実践（設計・施工）という手順を想定している。しかし、新設の施設整備には適用されるこの手順は、利用者が存在している複数施設の統廃合には、単純には適用できないことを認識しなければならない。

●マネジメント推進で留意すべき５つの観点

　筆者がこれまでの数年間、20を超える自治体のアドバイスを行ってきた経験で、明らかになったのは、次の５点であった。
① 　施設の躯体寿命といわれる40〜50年程度の超長期ビジョンを基礎

に、施設総面積の圧縮目標と10年ごとの中間目標を設定するような「総合計画型」のプランでは実施への過程がみえにくい。「総論賛成・各論反対」という意識構造の壁を突破するためには、当初の3年程度の期間に具体的な地域や施設を想定した「実施計画」をシンボル事業あるいは、モデル事業として組み込む必要があること。

② 公会計改革と連動して、建物躯体の耐用年数だけでなく、設備の減価償却期間も算定した、正確な施設老朽化の判断基準と更新の優先度決定が必須である。このため、固定資産台帳整備を急ぎ、可能であれば、事業・施設別の財務諸表整備を進めることで、単なる施設（ファシリティ）マネジメントではなく、資産（アセット）マネジメントとしての視野を広げ、これまでの単年度・現金主義の財政運営の発想転換に結びつけること。

③ 施設総面積の圧縮は主要なメニューとして実施を検討するが、根本の課題は、更新財源の確保である。したがって、指定管理者制度や民間委託などの手法で経費の削減とノウハウを取り入れるとともに、受益者負担額の見直しや遊休資産の活用によって、総合的な財源の確保をすすめるという観点が必要になること。

④ いくつかの自治体で行った無作為抽出による市民アンケートの結果は、ほとんどの公共施設において、日常的な利用者は全住民の1割程度以下であるという共通の実態を示した。また、ほとんどの施設の稼働率が365日24時間をベースにすると3割以下という実態にあることから、施設における機能の統合（複合化、多目的化）を軸に、受益者の偏在と負担の分担方法を軸に、公共施設のあり方を根本から議論する必要があること。

⑤ 全庁的な課題となっている公共施設マネジメントであるが、専任担当者を2、3名配置するような、従来の取り組み体制では、部局間の壁を越えることは難しい。これまでの企画・財政・人事部局は、事業部局からの要求を個別に査定することで機能を果たしてき

たのであるが、公共施設の統廃合は、査定方式での推進は不可能であり、縦割り組織を越える存在である首長を軸に、効率的な意思決定の仕組みを検討する必要がある。

このような論点を前提に、公共施設マネジメントを展開することは、従来型の行政「運営」を「経営」という観点から再構成するような、大きな発想の転換が必要となっている。

●客観的なデータを活用した発想の転換が必要になる

前述した5つの観点のうち、①、②に関しては、第1に指摘できるのは、財源と整備スケジュールを明確にした計画策定は5年先が限度であり、10年以上先のことは方向性を示す程度にとどまるという点である。大規模地震の発生可能性や近年の気象変動による超大型台風や集中豪雨による被害など、想定外の財政支出をもたらす可能性を想定すべきである。また、中国の景気減速や一部の国家財政のデフォルト、英国のＥＵ離脱などのように、グローバルの資金の流れで、深刻な影響を被る可能性もあるので、10年を見通した計画を策定してもその信頼性は薄い。

ただし、基本的方向を常に明確にするために、40〜50年という超長期のビジョンによる目標設定は必要であり、常に進捗状況を把握する必要があることはいうまでもない。そして、短期での施設更新を行うときに、固定資産台帳によって、老朽化度を正確に把握し、事業実施の優先度について判断する必要もある。建物の老朽化は、躯体部分は50年程度の減価償却期間が想定されるが、通常の整備費の30％以上を占める電気、空調、給排水などの設備は15年から20年程度の減価償却サイクルを持っている。更新のタイミングを図るためにも、固定資産台帳によるデータを整備し活用する必要がある。正確な固定資産台帳整備には数年かかるが、更新の優先順位判断に役立てる程度であれば、半年程度で大筋のデータが確保できるという。

③に関しては、施設管理を民間に委ねたり、千葉県流山市のように数十の施設の保守点検作業委託を一本の契約に包括することで、千万円単位の経費削減が可能になる（具体的手法は第4章を参照のこと）。それを20年間の施設整備投資として活用すれば、億円単位の投資原資が生まれるという考え方が必要である。指定管理者制度の適用や業務委託による費用低減の効果を、更新財源の原資とするような予算配分のルール（例えば、削減できた費用の一定割合を施設更新に活用する枠とするような「バーチャル特別会計」のような考え方も可能）も作成する必要があるだろう。

　④については、公共施設に関する機能について、縦割り組織での発想を転換し、市民がどのように利用するのか、また、施設のもつポテンシャルをどのように引き出すのかという検討が必要となる。

　住民の税金を、数億円、数十億円の単位で投じ、運営する施設は、「常連」といわれる特定の利用者の延べ利用者数で評価する現状では、極めて限られた用途でしか活用できていない。実利用者数を増やす創意工夫がされなければ、統廃合によって存在意義を失う可能性があることを議論する必要が生じている。

　⑤については、第3章で紹介する先進事例のほとんど全てが、イノベーションを推進する少数の職員の仕事をトップ（市長、副市長）が支えている状況を読みとっていただければ幸いである。

2 これからの公共施設の あり方を考える

◉「使われていない」公共施設を市民目線で最大限活用する

　公共施設の評価指標の一つとして、「利用者数」があるが、これは、のべ人数であって、いわゆる「ヘビーユーザー」が日常的に利用することもあり、住民全体ではどれだけの利用者が存在するのか、といったデータを持っている自治体は少ない。公共施設マネジメントの一環として、無作為抽出によるアンケートを実施し、公共施設がどれだけの市民に「利用対象」として認識・利用されているかの調査を実施すると、その結果は、担当者にも「意外」な結果となっている。新潟市によるアンケート調査では、月に数回程度利用する市民の割合は、最高の図書館で約15％であり、ほとんどは10％以下である。一方で、利用していない市民は55％から97％に及ぶという結果がでた。「誰もが利用できる施設」ではあるが、利用者が極めて少数である事実は、他の自治体の同様の調査でもほとんど同じ傾向を示している（名古屋市、鎌倉市など）。

　きわめて一部の住民の利用に、おおよそ7割の住民が維持管理費を負担している構造を考えれば、施設総面積を半減させても住民の多くの支持を受ける可能性もあると考えられる。

　このような傾向のなかで、驚異的な市民利用率を実現している例外的な事例が、伊万里市民図書館（伊万里市は人口約5万人）である。詳細は第3章の事例分析を参照していただきたいが、23年前に構想・設計が始まったときから、市民と図書館に必要な機能を徹底的に話し合い、小規模ながら多目的に使えるホール、収納可能な布製の雨よけ

が建屋から延びてくる中庭、約400人の市民「フレンズ」の活動を支える事務スペースなど、随所に「使いたくなる」工夫があふれている。その結果、図書カードの登録率は、全国平均の２倍以上の70％以上（多くの自治体では転居や死亡などによる除籍を行っていないが伊万里市では数年前に精査したのでほぼ実登録者数となっている）に及び、開館記念日には、20年以上経った今でも数百名の市民が「ぜんざい」を食べながら祝い、交流する活動が続いている。

伊万里市民図書館は、「図書館」ではあるが、市民のコミュニティ活動の拠点として、公民館、ホール、ギャラリー、子育て交流センターなど多様な機能を併せ持った「複合館」として、まさに「公共施設（空間）」を実現している。

規模や面積にこだわらずに、市民生活に密着した高効率な空間利用を達成していることは、全国の公共施設のあり方について、大きな問題提起をしている。

●公共施設でも資産価値の活用で収益を確保できる

大都市の事例で注目されるのは、大阪市の「大阪城公園ＰＭＯ事業」である。平成26年６月に指定管理者の公募要項を発表したが、その内容は、従来の発想を超えていた。大阪城天守閣は博物館類似施設として、大阪市博物館協会による指定管理であったが、年間150万人が入場する「観光施設」でもあり、年間１億円を超える納付金を大阪市に納めていた。この大阪城天守閣を他の博物館などから切り離して、大阪城公園全体としての指定管理者を公募したが、指定管理料は支払わず、逆に、指定管理者に年間約２億５千万円の固定納付金と公園を活用した事業収益の一定割合で数千万円の変動納付金の納付、さらには魅力向上事業としての施設建設と大阪市職員である学芸員を配置しての博物館事業を義務づける内容であった（詳細な内容紹介は第３章の事例分析を参照のこと）。

公共施設でも、その資産価値に注目すれば、公共施設としてのミッションを果たしつつも、民間の発想で収益施設としても活用できるという事例となっている。この事例は、大阪市のような大都市だけでなく、静岡県掛川市でも、平成26年度から掛川城天守閣を指定管理料ゼロで運営を始めているなど、いくつかの自治体での取り組みがある。
　公共施設等総合管理計画は、施設総面積の圧縮が基本であるが、経費削減と受益者負担額の見直し、民間の発想による収益事業の展開など、公共施設を公民連携の手法で最大限に活用する発想がなければ、単なる机上のプランに終わってしまう可能性がある。公共施設のあり方を厳しく問いかけながら財源を確保する姿勢が必要となっている。

第1章

未体験の「計画策定」に直面する自治体

1 ほぼ全自治体が計画策定に取り組む

●計画策定に向けての戸惑いも

　総務省自治財政局財務調査課の「公共施設等総合管理計画策定取組状況等に関する調査（結果の概要）」によれば、「平成26年10月1日現在、都道府県及び指定都市は全団体、市区町村においても99.7％の団体において、公共施設等総合管理計画を策定予定」であり、「平成28年度までには、都道府県及び指定都市は全団体、市区町村においても98.0％の団体において、公共施設等総合管理計画の策定が完了する予定」と、驚異的な結果が示されている（図表1－1）。

　この調査結果は、都道府県・指定都市・市区町村、1,788団体がすべて回答していることから、公共施設マネジメントという課題がこの数年という短期間にすべての自治体において、重点的に取り組むべき課題として、十分に認識されてきたことを示している。

　平成26年4月22日に総務省から、すべての自治体に対して公共施設等総合管理計画の策定要請がなされたことが、大きなインパクトになった結果であることは間違いないだろう。

　一方、この調査とは別に、一般社団法人日本経営協会開発センター経営研究所が、人口1万人以上の自治体のうち、政令市及び中核市を除く1,155団体を標本集団として人口規模によって系統抽出した819団体を対象に平成26年9月に行った調査（「公共施設の管理運営等に関する実態調査（中間報告書）」）でも、回答率が62.4％と、この種のアンケート調査としては異例の高回収率となったとのことである。この調査でも、多くの自治体の関心が高いことを示している（図表1－2）。

ここでは、公共施設マネジメントが、総務省が全自治体に対して、総合管理計画の策定を「要請」したことによって、つまり、国の積極的な姿勢によって、短期間のうちにほとんどの自治体で、大きな課題として認識がひろがったという意義と、一方で、「計画策定」への取り組みに戸惑いをもち、肝心な公共施設マネジメントの実践が進んでいない実態への懸念について、検証を行いたい。本書が刊行される時点では、調査時点から約2年が経過し、状況は大きく変化しているが、公共施設マネジメントの課題を全国の自治体が取り組み始めたと

図表1－1：公共施設等総合管理計画策定取り組み状況

区分		都道府県		指定都市		市区町村		【参考】合計	
		団体数	割合	団体数	割合	団体数	割合	団体数	割合
回答団体数		47	100.0%	20	100.0%	1,721	100.0%	1,788	100.0%
計画策定状況	策定予定有	47	100.0%	20	100.0%	1,715	99.7%	1,782	99.7%
	策定済	0	0.0%	4	20.0%	1	0.1%	5	0.3%
	未策定	47	100.0%	16	80.0%	1,714	99.6%	1,777	99.4%
	H28年度までに策定予定	47	100.0%	20	100.0%	1,686	98.0%	1,753	98.0%
	策定予定無	0	0.0%	0	0.0%	6	0.3%	6	0.3%

出所：総務省ホームページより作成

図表1－2：地域別回答状況

	発送数	回答数	回答率
北海道	44	34	77.3%
東北	104	72	69.2%
関東	172	111	64.5%
中部	160	104	65.0%
関西	121	69	57.0%
中国・四国	99	54	54.5%
九州	119	67	56.3%
全体	819	511	62.4%

出所：日本経営協会「公共施設の管理運営等に関する実態調査（中間報告）」平成26年11月

きの状況を反映している点で、興味深い調査結果となっていることに留意いただきたい。

● **ノウハウの不足への不安**

　総務省の調査では、平成26年度から28年度までに、公共施設等総合管理計画を策定する予定であるとする自治体が、1,753団体（98.0％）となっているが、日本経営協会のアンケートでは、策定予定及び策定意向は、「策定につき検討中」（46.0％）が最も多くなっており、これに「次年度以降の策定を予定」が40.9％で続く（図表1－3）。

　実施しているのではなく、「検討中」と「策定予定」という回答が合わせて約9割となっている。この状況を考慮すると、平成28年度までに計画策定を行うことは、相当に無理がある。もちろん、「計画策定」は先行している自治体の計画を参考にすることによって、形式を整えるだけであれば、それほど難しい作業ではない。しかし、実質的に公共施設マネジメントを進めるための戦略や戦術を十分に検討した計画とするには相当の労力が必要となる。

図表1－3：公共施設等総合管理計画の策定予定

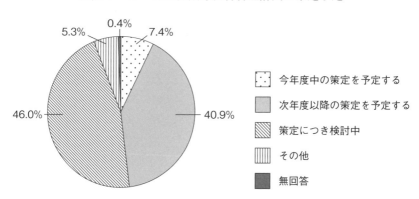

出所：日本経営協会「公共施設の管理運営等に関する実態調査(中間報告)」平成26年11月

アンケート調査を行った平成26年8、9月の時期に、検討中や策定予定という回答を寄せる意思決定段階では、平成27年度当初予算に計画策定の費用が計上される可能性は多くない。平成27年度当初予算に計上できなければ、補正予算か平成28年度当初予算での計上となり、少なくとも、半年から1年以上、計画策定への取り組みが「空白」となる可能性がある。総務省の調査では、98％が平成28年度中に計画策定の予定と回答しながら、現実には、半数近くの団体において計画策定が不可能という、この数字のギャップが生じているのは、次のように解釈できるかもしれない。

　それは、総合管理計画策定の「要請」に基づく「指針」において、平成28年度までの3年間は、策定費用に対して特別交付税措置（措置率2分の1）が行われ、計画策定が「除却債」の「適債性」の判断基準である、とされているので、総務省からの調査に対しては、3年以内、つまり、平成28年度までに作成予定と「建前」ベースの回答をするべき、と判断したのではないか。しかし、日本経営協会のアンケート調査では、具体的な策定スケジュールは、検討中であるという「本音」で答えた可能性がある（日本経営協会のアンケート結果のまとめにおいては、個別の自治体名は公表されないので、「本音」での回答が多いと見込まれる）。

　また、日本経営協会の調査では、計画の策定方法については、「組織内部にて、財政、管財、行政改革、施設部門などが主管課となって行う」が49.1％と最も多く、これに「外部のコンサルタントを活用して行う」が40.9％で続く。さらに、計画策定にあたっての困りごとに対する回答（複数回答）の上位3つは、「計画策定にあたってのノウハウが不十分である」（65.8％）、「策定に必要な資料他データが散在している」（58.7％）、「現状把握や課題整理ができていない」（52.6％）であり、過半数の団体がこれらを困りごととしてあげている状況にある（図表1－4）。

このような回答状況からうかがえるのは、計画策定をどのように進めて良いのか、というはじめの第一歩で不安を抱えて、外部のコンサルタントに依頼する自治体が大部分という状況である。それにもかかわらず、コンサルタントの数や従事するスタッフの数が、多くの自治体の要請に応えるだけの量的、質的な用意ができていないという深刻な問題が浮かび上がるのである。

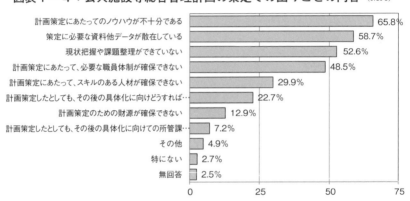

図表１－４：公共施設等総合管理計画の策定での困りごとの内容（MA）

出所：日本経営協会「公共施設の管理運営等に関する実態調査（中間報告）」平成26年11月

●計画策定の手法（手順）についての理解にも不安

　総合管理計画の策定である以上、基礎となる施設データの把握は必須であるが、これに関しても、「施設所管部署がそれぞれ個別に維持管理している」が全体の99.2％を占めているのは当然かもしれない。問題は、公共施設の維持管理や老朽化、その他の問題事項に対応するための縦割り組織を越えた、全庁的会議体などの設置状況については、過半数である54％の自治体が設置していないと回答している状況にある。また、公共施設の全体像を把握する「白書」作成も、作成済み、作成中を合わせても３割程度であり、全庁的なデータ把握の状況

は十分ではないことがわかる。

　さらに、老朽化の度合いや更新費用を見積るときに必要となる「固定資産台帳」の整備に関しても、整備済みと整備中を合わせても、3割程度であり、7割は検討中、もしくは整備予定なし、という回答を寄せている。計画策定の基礎となるデータの把握に関しては、意識がまだまだ低い段階にある。

　現在においては、「白書を作成してから計画策定」という手法は、必ずしも有効な手法とはなっていないが、この取り組みで先行している自治体の経験からは、策定作業に3、4年を要しているのが一般的である。つまり、調査時点において、データ把握を白書や固定資産台帳によって、把握していない自治体は、平成28年度中までに計画を策定できる状況にないことは明らかである。

◉大半の自治体で技術系職員が不足している

　また、データ把握とは別に、公共施設マネジメントをすすめるためには、建築職、土木職などの技術系職員が必要となるが、人口10万人以下の市町村では技術系職員が十分に配置されていないことも多い。特に、人口2、3万人以下の町村では、技術系職員が1人も存在しないこともある。人口10万人以下の市町村はおよそ1,500団体あり、その大半の自治体には計画策定に十分な技術系職員が配置されていない可能性が高いのである。

　総合計画や、まちづくりのさまざまな個別計画の策定にあたっては、コンサルタントに業務委託をすることが多い。この業務委託が、個別自治体の事情に応じて、さまざまな時期に発注が行われているときは、それなりの受発注が成立するが、今回の公共施設等総合管理計画の策定のように、3年以内という時期に集中すると、需要と供給のバランスが崩れることは明らかである。事実、建築系、総研系、監査法人系など、さまざまな分野のコンサルタントの関係者に聞くと、どのコン

サルタントも多くの自治体から公共施設マネジメントについて、問い合わせや依頼が寄せられているという。しかしながら、公共施設マネジメントを専門にしている研究員の数には限りがあり、すべての問い合わせに応じたり、業務を受託することができていない状況にある。

　本書が刊行される時には、多くの自治体で計画策定が最終段階にあることが予想されるが、総務省からの計画策定要請があった時点のアンケート結果からは、大半の自治体が十分な体制、情報で計画策定が行なわれていない可能性は否定できない。しかし、どの自治体も同じ課題に直面していることは共通なので、先進自治体の取り組みに学び、その応用を図るべきであるという方向は導き出せるであろう。独自に取り組むよりも、先進事例調査分析と応用に注力すべきである。

2 「計画のための計画」にとどまる傾向も

●4年かかった計画策定作業

　平成22年6月に設置された、さいたま市公共施設マネジメント委員会は、平成26年3月に、「さいたま市公共施設マネジメント計画・第1次アクションプラン」を策定し、公表した。約4年間の作業と議論の積み重ねの成果である。政令指定都市であるさいたま市は、人口が約125万人の大都市であるために、公共施設数は多い。さらに、平成13年に当時の浦和市、大宮市、与野市が合併し、さらに、平成17年に岩槻市と合併した経緯もあり、同じような機能の施設であっても異なる運営形態や、使用料の設定になっている場合もある。

　そのために、白書作成も、全体のデータを把握するため作業が非常に多くの工程を要し、さらに、マネジメント方針を策定する際にも、先行する大規模自治体のモデルはなかったために、すべて、オリジナルに検討を行い、非常に長い時間を要することとなった。

　アクションプランを説明する最後の委員会で、さいたま市副市長は、これまでの取り組みに対するマネジメント委員会委員への謝辞とともに、「全国自治体のなかでも、先進的な取り組みができたこと、このプランに基づいて施策を進めること、そして、総務省が平成26年1月に事務連絡で示した、『公共施設等総合管理計画』策定指針案に先行した計画であり、さいたま市では、今回策定したアクションプランで、『総合管理計画』としたい」と述べた。

　この日の委員会では、アクションプランの内容説明の後に、委員による議論が行われた。4年間の策定作業に対するねぎらいと、公共施

設再編成の総合的な計画としては、全国でも有数の計画であることなどの評価があった。しかし、学校施設の活用に関する具体案が少ない、使用料無料の施設も多いが受益者負担への対応が検討されていない、などという注文もあった。

　委員であった筆者は、4年という長期間の取り組みによって、計画という成果をあげたことは、全国の自治体に先駆けたもので、高く評価できるとした。しかしこの成果の一方で、策定に要した4年の歳月の間に公共施設マネジメントを巡る議論は、大きく財政問題にまで展開し、現時点では、ハードウエアの更新問題に限定される段階ではなく、施設の運営経費の節減、受益者負担による運営経費の一部回収、廃止施設の貸し付けや売却収入など、「総合的な」財源確保策として検討されなければならない、というように、時代が大きく変化していることを指摘した。

●「実践」による検証がない計画

　さいたま市にとっては、計画策定は取り組みの「終了」ではなく、次のステップの始まりとなった。この4年間の経験において、参考になるのは、精緻な計画策定のためには、膨大なデータの収集と分析が必要なこと、部局ごとの縦割りで運営管理される行政財産の性格から、全庁的な取り組みとするための担当部署の設置や意思決定の仕組みを新たにつくり出す検討作業に多くのエネルギーが割かれること、そして、肝心な施設マネジメントに関する具体的な実践事例が生み出せなかったことである。

　当該アクションプランの素案を審議したのは、さいたま市の政策方向を決める「都市戦略会議」（市長、副市長をはじめとする幹部がメンバー）であった。平成25年度第8回（11月26日）の議事録を見ると、担当によるアクションプランの説明の後に、意見などとして、「アクションプランの策定により、第1期の期間に実現できることは

何か。」との質問があった。これに対して、「第1期に建替えとなるハコモノは少ないが、与野本町小学校の・複合施設化について、本来の建替え時期より前倒しで進め、ワークショップ形式を取り入れることで地域住民にも公共施設のあり方を考えていくなど、シンボル的事業を展開することで、アクションプランを推進していきたい。」との回答が担当からあり、「行財政改革推進本部発議の、さいたま市公共施設マネジメント計画・第1次アクションプラン（素案）については、原案のとおり了承する。」という結果が示されている。

　決定されたアクションプランには、施設の分野別に年度計画が個別に表記されている。ところが、プランがスタートする平成26年度における分野別の取り組みは、ほとんどなく、合併によって不要になった施設などの廃止と、「今後のあり方検討」が若干あるだけである。「戦略会議」での回答にある、小学校の複合化についても、具体化に向けての検討開始（設計着手のような具体化ではない）は平成27年度となっていた。

　これまでの計画策定は、役所としてさまざまな経験があり、多くの課題を検討してきたが、そのほとんどは「拡充」の計画であった。「縮充」（量的には縮小しても、機能を充実させることで施設の効果的・効率的利用を図るという意味の造語）という方向での実践は、経験がないことから、実施が先延ばしにされる傾向が浮き彫りになったのである。先延ばしにすれば、施設の老朽化はさらに進み、対応策が増えて複雑になるとともに、財政的にもさらに逼迫することになる。

　ここまで、さいたま市の取り組みの経緯を振り返りながら、計画と実践のギャップについて述べたが、これは、さいたま市に限ったことではない。計画を具体的にまとめ上げた点で、さいたま市は先進自治体であることは間違いない。しかし、計画に基づく実践事例は、現時点ではあまり存在していないことが、全国自治体の共通点となっている。

● 「総合管理計画」は計画先行になる危険性も

　行政機関として、公金（税金）を使った事業をすすめる際には、そのプランを「計画」という形で示し、何らかの公的な意思決定が必要なことはいうまでもない。自治体（地方公共団体）の場合には、地方自治法の規定によって、首長（執行機関）と議会が4年の任期を前提に「公職選挙法」に基づく選挙で地域住民から選出されることで、政策の基本方向についての信任を得ることになる。また、個々の事業やそれに伴う予算は、そのつど、予算案や議案として執行機関から議会に提案され、議会で議決されることで、公的な担保となる。

　しかし、計画が必要なのに、なぜ、平成23年の地方自治法の改正によって、「総合計画」といわれる基本構想や基本計画の策定や議決の義務条項が削除されたのか。

　近年の経済社会状況の急激な変化に、長期的な、かつ、総合的な計画が成り立たなくなってきている状況が背景にあることは容易に想像ができる。総合計画策定作業そのものが、情報収集、審議会などを含めた会議開催、資料作成事務などの策定コスト（人件費、時間等）、意思決定までの期間（2年程度）を要する。このコストを考えると、「策定したときには既に、時代変化に対応できない部分が目立つようになる」状況を真剣に考え、計画のあり方を再検討する必要があったのではないか。

　戦後の自治制度が始まってから約70年が経過しようとしているが、これまでは、社会資本の形成、福祉などのサービス拡大の時代であって、各種の計画のほとんどは、「拡充」の方向であった。拡充であれば、その実現までのプロセスは、資金と人材の投入によって、予定することができる。しかし、現在のもっとも主要な課題となっている公共施設などの更新問題は、そのほとんどが、「縮充」という初めての体験である。したがって、その実現までのプロセスは、想像することが難しい。机上での「計画」を策定しても、その実現のためには、公

共施設を利用している個人、法人、団体の合意形成を図らなければならないので、机上の計画通りに進展する保証はまったくない。

このような、各種の「総合計画」が突き当たっている「壁」を考えると、今回、総務省が示した「公共施設等総合管理計画」の策定については、どのようなレベルの計画にするのかを、しっかりと議論しなければならいことは明確である。もちろん「指針」には、項目も明記されており、資金分配にも留意するべきであるというコメントもついている。しかし、策定に関する費用の2分の1を特別交付税で措置をするという内容は、計画策定に要する委託費などが想定されていると考えられ、一定のまとまったボリュームが想定されていることになる。

しっかりした計画を策定することは当然であるが、いたずらに精緻な計画策定を追求すると、冒頭のさいたま市の事例のように、時間をかけて、膨大な作業を費やした結果、そのエネルギーが実践ではなく計画策定にほとんど費やされてしまう可能性が高い。肝心な実践部分が「策定後」に先送りされるとしたら、それは、本末転倒というしかない。さいたま市の取り組みは、市長の明確な課題意識のもとに、全庁的な取り組みとしてすすめたにも関わらず、具体的な公共施設再配置、マネジメントに関しては、なかなか前にすすめないことを示す意味でも、先進（先行）事例となっている。

変化の激しい時代にあって、施設利用者である住民との合意形成を必要とする公共施設マネジメント計画を策定するにあたっては、従来の計画策定手順のように、「完成（策定）された計画を実施する」というよりも、基本的方向を確認した後は、実践による課題をフィードバックしながら、さらに短期的な計画を実践によってチェックしながら、必要な修正を図るような「走りながら考える」手法を組み込むことが必須となる。

●「除却債」の適用は慎重に

　総務省の総合管理計画策定の方針には、もうひとつ大きな発想転換がある。それは、地方債の特例としての「除却債」の創設である。

　この除却債創設の背景には、総務省が実施した自治体へのアンケートで、廃止後の学校や公営住宅、庁舎などの解体費を中心に、要望が多かったことがあるといわれている。しかし、そもそもの地方債発行の目的は、公共施設の建設や料金収入がある公営事業などの経費に充てる目的であり、施設の解体費を賄うことは将来に負担を回すとして禁じられてきた経緯がある。投資的経費、つまり、将来に資産を残す施設などに関して、負担の世代間公平を図る目的が発行の「建前」である。除却は、資産の形成ではなく、資産除却の費用を将来世代にも負担させることを、十分に吟味する必要がある。これまでにも、解体費用を地方債で賄うことも許されてはきたが、それは、新たな施設を整備するために旧施設の解体がセットされたときだけであった。

　臨時財政対策債も資産の裏付けのない「赤字地方債」として例外的に発行されているが、これは、償還財源は後の交付税交付金で措置されることが「建前」になっている。この「交付税措置」は、交付税の原資に限りがあることと、交付税特別会計そのものが30兆円以上の借金を抱えている実態から、実質的に担保できているかどうかには大きな疑問が残るにしても、償還財源の方向を示すという意味では、「政策的対応」がなされている。

　しかし、現時点では、除却債には「交付税措置」がされていないので、その起債にあたっては、将来世代に「つけ回し」をしないように、十分な検討をしなければならないことは当然である。

図表1-5:地方債の特例の創設など

◎公共施設等総合管理計画に基づく除却について、地方債の特例措置を創設

　地方交付税法等の一部を改正する法律（平成26年法律第5号）により、地方財政法（昭和二十三年法律第百九号）の一部が改正された（平成26年4月1日施行）。

地方財政法
（公共施設等の除却に係る地方債の特例）
　第三十三条の五の八　地方公共団体は、当分の間、公共施設、公用施設その他の当該地方公共団体が所有する建築物その他の工作物（公営企業に係るものを除く。以下この条において「公共施設等」という。）の除却であつて、総務省令で定める事項を定めた当該地方公共団体における公共施設等の総合的かつ計画的な管理に関する計画に基づいて行われるものに要する経費の財源に充てるため、第五条の規定にかかわらず、地方債を起こすことができる。

参照条文
地方財政法
（地方債の制限）
第五条　地方公共団体の歳出は、地方債以外の歳入をもつて、その財源としなければならない。ただし、次に掲げる場合においては、地方債をもつてその財源とすることができる。
　一　交通事業、ガス事業、水道事業その他地方公共団体の行う企業（以下「公営企業」という。）に要する経費の財源とする場合
　二　出資金及び貸付金の財源とする場合（出資又は貸付けを目的として土地又は物件を買収するために要する経費の財源とする場合を含む。）
　三　地方債の借換えのために要する経費の財源とする場合
　四　災害応急事業費、災害復旧事業費及び災害救助事業費の財源とする場合
　五　学校その他の文教施設、保育所その他の厚生施設、消防施設、道路、河川、港湾その他の土木施設等の公共施設又は公用施設の建設事業費（公共的団体又は国若しくは地方公共団体が出資している法人で政令で定めるものが設置する公共施設の建設事業に係る負担又は助成に要する経費を含む。）及び公共用若しくは公用に供する土地又はその代替地としてあらかじめ取得する土地の購入費（当該土地に関する所有権以外の権利を取得するために要する経費を含む。）の財源とする場合

出所：総務省資料などより作成

3 縦割り「総合計画」型の限界

●「総合計画」との整合性が問われる「再配置計画」

　「公共施設マネジメント白書」を作成しても、公共施設再編成の具体的な事業がなかなかすすまない実態がある。それは縦割り部局ごとに管理されている全公共施設を対象とした状況把握には、膨大なエネルギーを要するために、作成担当者に「一服感」が生じることに主因があるかもしれない。しかし、客観的には高度経済成長時代に集中的に整備された施設が一斉に老朽化しているため、同時多発的に更新・再配置をすすめる財源の確保ができないこと、そして、総面積圧縮という対応策の基本的方向が、既存の「総合計画」と矛盾することが実質的な要因として考えられる。従来型の総合計画は、個別部局ごとの事業の積み上げという個別の「拡充」が基本的な方向であったことも、その矛盾に拍車をかけている。

　ここでは、行政施策の展開には必須の「計画」に関して、合理的に見える「総合的計画」が、実は、公共施設マネジメントには阻害要因となる可能性があることを検証してみることにする。

●「総合計画」、「合併計画」からの抵抗

　行政施策の推進にあたって、説明責任を明確にするのは当然のことであるが、公共施設マネジメントを進めるときに課題となるのは、複数の施設を統廃合する基本的な方向が、部局の縦割りを越える「総合性」を前提にしなければならないことである。そのために、「公共施設再配置計画」あるいは、「公共施設保全計画」を策定しようとする

ときに、「総合計画」との関係をどのように整理するかについて、議論が生じる場合が多い。狭義の「ファシリティ・マネジメント」は、施設のライフサイクルコストを明確にしながら、計画的な保全を行う観点から、その必要性は相当以前から指摘されてきたので、個別計画には反映されつつある。しかし、広義の「ファシリティ・マネジメント」、つまり公共施設マネジメントが注目されてきたのは、「公共施設マネジメント白書」が神奈川県藤沢市、千葉県習志野市で刊行された平成21年度からなので、まだ、歴史が浅い。

　したがって、白書作成からマネジメントのための統廃合を含む再配置計画策定という、従来型の計画手法を推進しようという自治体にとっては、すでに存在している「総合計画」（あるいは、実施計画）との整合性をどのように説明するのかで、混乱が生じている場合がある。

　公共施設再配置計画を策定しようとする際には、公共施設マネジメントの課題が明確になっていない時期に策定された既存の「総合計画」が存在している場合が多い。そのために、公共施設の実態と中期的な財政状況を考慮すると、「再配置計画」策定にあたっては、「総合計画」に盛り込まれている新規の施設整備、あるいは既存施設の更新が迫られ、どちらの計画が優先されるのかが議論になる。

　首長は、予算編成の権限をもつ「経営責任者」であることから、計画の見直し（縮減や廃止）を行わなければならないという意識を持つ可能性はある。しかし、議会や住民の側は、「公共施設再配置計画の上位計画である総合計画として位置づけられた施設整備は、進めるべきである」という主張をすることもある。特に、平成の大合併で合併をした市町村は、「合併特例（推進）債としての財源」も約束されたのであるから、新規施設建設を見直すことは、非常な困難に直面する。また、選挙を意識せざるを得ない首長や議員が、施設の新規整備の要望を受け入れてしまうこともある。さらに、極端な事例では、「総合

計画」策定を主導した幹部職員が、その計画に矛盾する公共施設マネジメントの方向に対して、「抵抗」することさえも見受けられる。苦労してまとめた「作品」に対して、それを否定されることに対する心理的反発を、現状肯定のエネルギーに振り向けてしまうからである。

　合併をした九州のある自治体で、公共施設再配置委員会の委員長を委嘱されたことがある。この事例では、合併前の旧市町村のそれぞれに、合併特例債を活用した新規施設の建設が約束されていたので、再配置計画での総量抑制方針を議論したときに、それぞれの「地区」を代表した委員から「約束された施設なのに、それを反故にするつもりか」という強固な反対意見があった。財政状況は、老朽化した施設の更新費用を賄うにはほど遠く、この状況で新規施設整備を行えば、合併特例債の償還財源が「交付税措置」されるといっても、交付税総額に限界がある以上、確実に措置される可能性はほとんどない。結果としては、お子さんやお孫さんに多大な借金の返済をつけ回すことになると、数回にわたって説明して、ようやく施設総量圧縮の基本方向を納得してもらった経験もあった。

● **総合計画のそもそもの存在価値を疑う**

　前述のように、公共施設再配置計画の策定にあたっては、多くの場合、議会の議決を経た総合計画との関係を整理しなければならない。しかし、そもそも、総合計画がどのような課題を抱えているかについて、確認しなければ策定作業は容易にすすまない。

　総合計画（基本構想、基本計画、実施計画の三層構造、あるいは、基本計画と実施計画の二層構造など、自治体によって、名称や計画構造はまちまち）は、自治体の最上位計画として位置づけられてきた。しかしながら、成長型から成熟型への転換に加えて、グローバル化という社会経済環境の変化によって、長期間の「計画」そのものの意味が失われてきたことから、既に、平成23年の地方自治法改正で、基本

構想の策定と議会での議決に関する規定は廃止された。

　税金を配分するという社会的責任を有する組織が、業務を計画的に行うために何らかの計画を策定することは、自治体はもちろんのこと、企業であっても不可欠である。したがって、地方自治法改正により義務づけがなくなったからといって、場当たり的な業務遂行を行うことは許されないし、一定の計画策定を行う必要性は存在している。事実、自治法の規定が廃止されても、「総合計画」あるいは、「実施計画」などの名称で、一定期間の計画策定を続けている自治体は多い。

　しかし、今後は、従来の体系的網羅的な施策ではなく、優先的、重点的に実施する施策・事業の個別計画、あるいは首長の任期にリンクさせた計画、さらには、地域住民との協定に基づく計画など、さまざまな形態が存在するようになる可能性が高い。そもそも、従来型の「総合計画」に対しても、数十年前から、「ホチキス計画」と揶揄されていたのである。

　筆者が、横浜市役所に勤務した二十数年の間に、2回、総合計画の策定作業を経験した。その時は、策定にあたっての政策・事業の検討時間よりも、庁内企画部門のヒアリングや審議会審議、議会への説明(全員協議会など)、市民や関係団体への説明など、少なくとも2年という期間を要したことを覚えている。この2年間のうちに、状況が変化し、総合計画が策定された時点では、すでに「時代の変化に対応できない」と揶揄されたこともあったほどである。

　総合計画策定のプロセスを追ってみよう。

　まず、期間の設定であるが、2、3年では具体的な事業実施計画となり、「夢」がなくなるので、10年かそれ以上の期間設定となる。そして、その期間を5年程度の前期、(中期)、(後期)に分ける。分けないと、長期にわたるために、環境の変化への対応、担当者や組織の異動・変更などを含めて、事業展開のイメージがわかないからである。事業が明確な施策は前期に配分し、構想段階のものは後期に送る

というような「感覚」となる。

　次に、想定した計画期間における土地利用・人口とその年齢構成などについて、全体と地区別の推計を行う。これにより、インフラ整備、産業・雇用基盤の確保、公共施設配置、給付などの必要事業をハード、ソフトの両面から検討する。この作業には、国全体の動向と政策対応、国際化や情報化など、政治経済、技術開発、生活文化などの変化の組み入れも想定する。

　計画期間と人口をはじめとする地域社会の動態予測をまとめた後は、それを「計画フレーム」として全庁的に計画の策定作業を依頼する。既存の役所組織を基盤に、それぞれの政策・施策分野ごとに、必要な事業内容をその事業費や財源の概要も含めて検討し、部局ごとに構想案をまとめる。この間に、市民にも要望や意見、アイディアを募集することも多い。

　部局ごとの構想案を、企画、財政、総務という官房系の部署を中心に、予算（財源）、土地利用、組織・人員体制という観点から、全体規模と部局間の重複部分や空白部分の調整、前・中・後期への事業割り振りなどを行い、全体計画の素案を作成する。

　ここまでの作業で、半年以上の時間を要するが、肝心な個別担当課での議論は、１か月もないことが多かった。調整作業に膨大な時間がかかるのが、一般的である。もちろん、この過程において、議会や各種団体との意見交換も含まれる。

　素案から原案の決定には、首長をはじめとする幹部職員への説明が随時行われ、審議会の開催とともに、適宜、議会への中間説明も含まれ、その際の意見によって、担当部局との調整も必要となる。これらの作業には、特に、地区ごとの住民説明や各種団体への説明会は、企画担当部署が説明せざるを得ないので、幹部職員の日程調整も含めて、１年近くの時間がかかることになる。おおよその素案がまとまった時点で、パブリック・コメントを実施し、多岐にわたる意見の一つ

ひとつに回答する膨大な作業を行うことになる。

　最終確定のための、議会の議決を行うかどうかは、基本構想なのか計画なのかという位置づけによっても、また、首長と議会との関係によっても違ってくるが、議決を行わなくとも、説明は詳細に行うことになるので、時間的にはそれほど変わらない。

　「総合計画」として確定すれば、計画全体、計画概要、分野別説明資料、市民向けのパンフレット作成などの広報媒体の作成に、かなりの時間を要することになる。

　プロセスを追ってみると、おおよそ2年かかる時間の中で、直接事業を担当する部署での議論は、極めて短期間である。また、財源を伴う計画となると事業を確定させなければならないので、縦割りの組織ごとの事業となり、総合計画とは行っても、前述のように部局における事業を重ね合わせた「ホチキス計画」と揶揄されるような実態となる。そして、この変化の激しい時代にあっては、計画事業を検討したときから確定までにおおよそ2年を要するので、この間に大規模災害や大きな政治・経済的変動がおこることもあり、変化に対応できない場合も多く生じるのである。長期的なビジョンの議論と策定は必要であるが、10年以上の詳細な計画策定は、どこまで必要なのかは慎重に検討するべきであろう。

　このような実態から、平成23年の地方自治法の改正で、策定義務と議会議決義務の規定が廃止されたことは、時代背景から当然のことと判断できる。

●総合計画型の公共施設再配置計画は可能か

　総合計画の位置づけを策定作業も含めて考えると、総合計画を「絶対化」することは、時代の変化に対応できなくなる可能性も示唆される。したがって、公共空間（施設）に関する「総合管理計画」との関連では、既存の総合計画は策定段階での、おおよその政策展開のイ

メージとして尊重しつつも、当面の差し迫った公共施設マネジメントの課題解決を優先させるという対応をとらざるをえなくなる。つまり、総合計画に盛り込まれた新規施設整備といった事業の展開は、財源の確保の観点から、少々先延ばしにするという対応であり、総合計画は否定しないが、前提条件としての公共施設マネジメントを優先させるという方向である。このような対応をする場合には、「曖昧」、「玉虫色」的な表現をせざるをえないということも検討しなければならない。正面から整合性を議論してしまうと、出口を見出すのは困難となるからである。

　では、優先すべき「公共施設マネジメント」は、どのような「計画的」対応をするのか。ここで、あえて、「公共施設再配置計画」とせずに「マネジメント」としたのは、計画策定に多くの時間を費やすことはできないからである。すみやかな計画の実現には具体的対応策に足を踏み出している神奈川県秦野市の事例が参考になる（第３章参照）。現状把握を簡潔に行い、施設総量（総面積）の圧縮をはかるために、大筋での削減目標を数値化し、基本方針を定めた後は、具体的なマネジメントの事業に着手しているからである。社会福祉法人のオフィススペースを郵便局に貸し出したり、市役所の駐車場の一部をコンビニエンスストアに貸し付けたりして、利便性の向上と賃料収入を得た。これは、公共施設再配置計画として考えると、「正面突破」の事業ではないが、具体的な市役所資産の活用という面で、職員に対しても、住民に対しても、さらには議会に対しても、意識改革を促す事例として有効なものとなっている。このようなスペースの有効活用、公有資産の民間による積極的な活用の事例を見ることによって、公共施設マネジメントの方向性が可視化され、「本丸」の公共施設再編成への合意形成を一歩ずつ進めることにつながる。

4 公共施設マネジメントの方程式と行政サービスのポートフォリオ

●行政サービスのポートフォリオ

　バブル経済崩壊後の1990年代以後、我が国の経済は成長型から成熟型へと確実に変化した。この変化によって、「限られた財源」を前提とした行政サービスへの資金配分が厳しく問われることになった。したがって、庁内、議会、そして市民の間での政策選択、合意形成への論点提供を「行政サービスの『ポートフォリオ』」（図表１－６）を提起することにより、財源配分を行うことが必要となっている。これまでは、縦割りの部局ごとに、その縦割りの組織・予算に裏付けられた行政サービスが個別に提供されてきた。その結果、行政サービス全体のあり方に関する議論が、議会においてすら、十分に行われてこなかった経緯がある。限られた財源をどのサービスに振り向けるのかと

図表１－６：行政サービスの「ポートフォリオ」

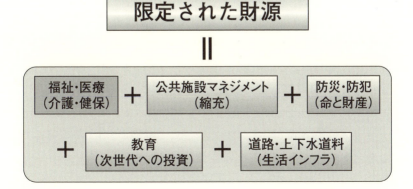

第１章　未体験の「計画策定」に直面する自治体　43

いう全体像を市民、職員、議員に示す必要性が高くなってきたのである。
　このような状況に対して、財源変動幅が最も大きい公共施設マネジメントは、財源の不足と、施設の老朽化に伴う住民の命と財産に大きな影響を与える「時限爆弾」としての課題を分かりやすく提起することになる。そして、この公共施設マネジメントを着実に進めなければ、財源確保が不安定となり、福祉・医療、教育、防犯防災などの基本的行政サービスが十分に提供されない可能性や国民健康保険料、介護保険料、上下水道料などの負担が大きくなる可能性も示すことができるのである。
　住民に対して、この「選択肢」を分かりやすく提示することによって、住民自らが政策を検証、検討し、その方向性を真剣に考え、議会とともに意思決定を行う機会を提供することになる。

●公共施設マネジメントの方程式

　公共施設マネジメントの基本的な課題は、その維持・更新のための財源が決定的に不足していることにある。したがって、財源不足への対応という観点からは、統廃合による総面積削減だけが目的達成の手法ではなく、管理運営経費の削減や受益者負担増による使用料収入の増加も、重要な手法となる。
　財源を生み出せば、その分、面積削減の必要量は減ることにもなる。施設総面積の削減は、財源確保の上では最も効果が大きく、主要なメニューであることに変わりはないが、このような、施設面積、管理運営経費、使用料収入、さらには、余剰施設や土地の売却益を、必要財源の「変数」としてとらえることができれば、この「公共施設マネジメントの方程式」（図表１－７）は、施設利用者との合意形成によって、その解が変わることも確かである。

図表1－7：公共施設マネジメントの方程式

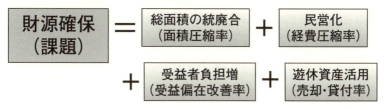

　住民に対して、この「方程式」を提示することにより、公共施設マネジメントは、単に面積の削減を行い、自分たちの使っている施設の使い勝手や通う距離が延びるというマイナスイメージを思い浮かべるだけではなくなる。民間活力の導入や一部のユーザーに対する適正な負担を検討するなどの対応策をすすめることを提示できるので、利用者だけでなく、住民全体の合意形成を促すツールとなる。

5 事業別財務諸表による公共施設マネジメント

●事業別財務諸表でマネジメントメニューが見える

　町田市で取り組んでいる事業別財務諸表は、公共施設マネジメントの課題を、客観的な数字で明確に表現するという視点から、画期的なツールとなっている。

　公共施設マネジメントの第一歩である施設ごとの「老朽化比率」の把握を例にとってみよう。

　老朽化とそれに伴う、更新費用の概要は、総務省提供のソフトによって、図表1-8のようにグラフ化することができ、多くの「白書」の冒頭に示されている。50年を経過した施設の面積に、単位面積当たりの建築費をかけて、更新のために必要な総事業費を棒グラフで表現したものである。このグラフに、過去10年間の公共施設への投資的経費の平均金額を「横線」であらわすと、必要経費に対して、用意できる投資財源が圧倒的に不足していることがわかる。この更新費用の概要は、建築後50年を経た公共施設の床面積に、建築単価を掛けて算出したものである。ところが、建築の専門家でなくとも、一度でも施設整備を経験したら、整備費用は躯体部分の「建築費」以外に、設備費として、「電気」、「衛生」、「空調」、「昇降機」、「その他設備」に要する費用が必要であり、少なくとも設備関連費用は建築費全体の30％以上の費用割合がかかることは「常識」である。そして、設備償却期間は15年から20年で、建築躯体部分の償却期間と比較すれば3分の1程度である。この更新を怠れば、メンテナンス費用が急激に増加する。床面積のみを指標として、建築費だけを対象にして更新費用を

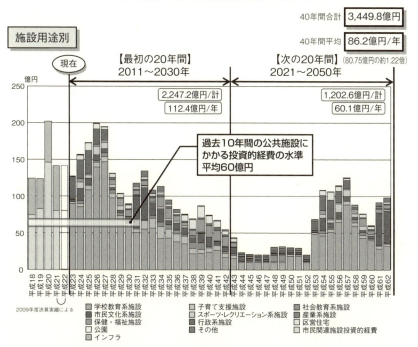

図表1－8：50年を経た公共施設の面積に単位面積当たりの建築単価をかけて、年度ごとに必要財源を示したグラフ

出所：東京都北区「公共施設マネジメント白書」より作成

推計すると、特に大型施設の場合には、更新計画をミスリードする可能性が高い。

これに対して、固定資産台帳を整備することができれば、設備も含めた老朽化の度合いを、減価償却費累計（残存価値）によって実態に則して算定することができる（図表1－9）。

図表1－9は、町田市が作成したもので施設分類ごとに老朽化比率をまとめてある。当然のことながら、個別施設のデータを積み上げたものである。したがって、個別施設ごとの老朽化比率が明らかなので、更新が必要な段階に達した施設の一覧を示すことで、それらの組

図表1-9:施設分類別資産老朽化比率

施設	老朽化比率
小学校	60%
中学校	54%
教育その他	78%
公民館	20%
青少年用施設	42%
文化・芸術施設	34%
スポーツ・健康施設	47%
本庁舎等	19%
消防施設	50%
庁舎等その他	50%
保育園	33%
高齢者用施設	34%
障がい福祉施設	51%
保健福祉施設	52%
福祉その他	60%
観光・産業振興施設	62%
市営住宅	31%
公園	25%

固定資産台帳を整備したことにより、建物の老朽化比率が明らかに!
→個別の資産の減耗度からも老朽化が明らかに!

公共施設全体取得価額 1813億円(下水処理施設除く)
- 減価償却累計額、842億円、46%
- 残存価額、971億円、54%

出所:町田市行政経営監理委員会「市有建築物の計画的維持管理の推進」(平成26年)

み合せによる効率的・効果的な更新(統合)を計画する参考データを得られる。

　さらに、後述するように、施設設備についての会計上の「残存価値」を把握できれば、期限切れの設備をだましだまし使い続けて、修理費を「浪費」するより、どのタイミングで設備更新を図れば、メンテナンスを含めた維持・更新のトータル費用が最も少なくなるのか、という「投資計画」がシミュレートできる。

　このような、「投資効果」が顕著に見えるのは、コンサートホールや芸術劇場、博物館・美術館、温水プールを併設している大型体育施設などである。ある自治体で人口規模に比して「過重な」芸術劇場をバブル経済最盛期に整備した。「市民オペラ」グループの強い要望で整備したものの、20年経って、舞台・音響などの設備更新に20億円ほどの費用がかかることがわかり、担当者は頭を抱えた。

　建物躯体の更新費用はある程度予定していたものの、設備更新(減価償却費用を計上すれば、年度ごとの負担額として明示できる)と日

常メンテナンスを含めての「運営の原価計算」ができていないので、正確なコストを提示できなかったのである。巨額の更新費用に直面し、施設の廃止を打ち出せば、利用者全体の一部ではあっても、市民オペラを担っている市民・団体からは、「市民文化を否定するのか」という厳しい反発を招くことになるだろう。あるいは、そのまま維持・更新しようとすれば、「財源はどこにあるのか」「社会保障を犠牲にするのか」と財政担当者を中心に、自治体内部からの「反発」を受けなければならない。劇場を整備する当初の時点で、ライフサイクルコストとして年度ごとの「原価」を示すことができていれば、市民、文化団体、福祉団体などに、そして、何よりも議会に対して、費用と文化的価値の比較衡量について、課題提起ができたはずである。しかし20年前の時点では、「好景気で、何とかなるだろう」という根拠のない楽観論と、単式簿記による整備費と年間の維持管理費のみが議論され、ライフサイクルコスト、特に設備に関する減価償却費は十分に議論されなかったことも事実である。

現在進行している新地方公会計改革は、固定資産台帳整備を基本としている点で、つまり従来の決算統計を用いた「総務省方式改訂モデル」による簡易型の財務諸表とは決定的に違い、施設別、棟別、設備償却費についての財務情報を義務化することで、公共施設マネジメントにおいて、画期的な転換を図る機会になる可能性が大きい。

●施設・設備更新の優先順位決定に活用する

公共施設マネジメントの基本は、限られた財源の中で、多くの施設設備の大規模改修・更新を効果的にすすめるために、更新手法とその実施における優先順位を決定することであり、次の点などが更新優先の順位が高いと判定される。

* 老朽化して、使用することに対する安全性が確保できない可能性がある施設

＊利用者が比較的多く利便性にすぐれて、廃止や休止の影響が大きい施設
＊主要設備の更新に費用がかかり、更新がなければ利用に大きな制限が発生する施設

　更新の順位を判断するには、固定資産台帳が整備されれば、施設、設備を合わせた老朽化度合を減価償却額によって判断できる。建物の老朽化はそれほどでもないが、主要設備の老朽化が進んで利用できなくなる恐れのある焼却工場や温水プールなどがその事例である。設備が重要な施設は、たとえ建物の老朽化が進んでいても、設備の減価償却額が少なければ施設の更新を若干遅らせるような「長寿命化」で使い続けるという選択肢もあるだろう。

　維持管理に多額の費用がかかっている施設の抽出は施設ごとの「行政コスト計算書」を活用すれば判断できる（図表1－10）。何度も強調することになるが、固定資産台帳というデータベースを整備すれば、

図表1－10：維持補修比率の高い歳出目

(単位：千円)

歳出目名称	維持補修費（A）	建物取得額（B）	維持補修比率（A／B）
防災対策費	42,188	1,145,323	3.68%
なるせ駅前市民センター費	28,504	910,796	3.13%
廃棄物処理費	13,705	506,600	2.71%
住宅費	109,580	7,509,931	1.46%
国際版画美術館費	21,754	1,927,337	1.13%
保健推進費	12,994	1,177,453	1.10%

⇩

新たな投資の必要性を検討

出所：町田市行政経営監理委員会「市有建築物の計画的維持管理の推進」（平成26年）

事業別（施設別）の財務諸表（行政コスト計算書、貸借対照表）を活用して、合理的な更新の優先順位を決定することができることになる。

●複式簿記・発生主義会計の優位性

新地方公会計改革の方向は、複式簿記・発生主義会計、つまり企業会計の導入であり、自治体経営に活用できる財務諸表の代表的なものは、行政コスト計算書（企業では損益計算書）と貸借対照表である。現在でも、ほとんどの自治体で財務諸表は作成され、公表されているが、貸借対照表の作成にあたっては、固定資産台帳の整備を先送りにして、決算統計を用いて簡易的に行っている（総務省方式改訂モデル）ことがほとんどである。したがって、施設・設備総量としてはある程度把握できるものの、個別施設・設備のデータが不明なために、

図表1－11：清掃工場の設備更新と管理業務のアウトソーシングによる効果の分析

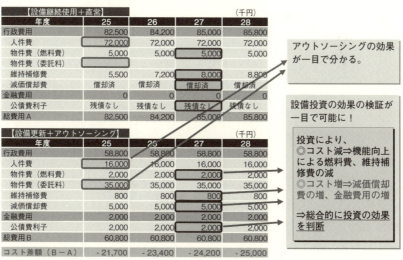

出所：町田市行政経営監理委員会「市有建築物の計画的維持管理の推進」（平成26年）

公共施設マネジメントとしては使い物にならない。なぜならば、公共施設マネジメントをすすめるためには、縦割り部局ごとに管理運営されている施設の、一つ一つの統廃合方針や管理運営改善を行わなければならないので、総量圧縮のおおよその目標を設定しただけでは何もすすまないからだ。

　町田市のように、固定資産台帳を整備して、施設（とそれに伴う事業）ごとに行政コスト計算書と貸借対照表を作成すると、複式簿記・発生主義会計による管理が可能となり、これまでの単式簿記・現金主義とは違った、合理的な施設マネジメントをシミュレートすることができる。

　図表1-11は、清掃工場の設備更新と管理業務のアウトソーシングの効果を検証するために、町田市の財政課が作成した資料である。概略の費用によって、「償却済み設備を継続使用し、直営で管理」（ケース1）した場合と、「設備更新をして、管理業務をアウトソーシング」（ケース2）した場合とを比較した模式図である。

　ケース1では、公務員の平均人件費を一人800万円として9人分、7,200万円、物件費を燃料費で500万円、委託料で0円を計上し（25年度から28年度まで一定と仮定）、維持補修費が、償却済み設備を多額の維持補修によって継続使用することで、550万円（25年度）から880万円（28年度）まで、毎年増加すると仮定している。この場合、減価償却費は償却済みのためにゼロ計上、新たな投資をしていないので、公債費利子も残債なしでゼロ計上となっている。

　一方、ケース2では、管理業務の一部をアウトソーシングしたため、人件費として2人分の1,600万円、残りの7人分をアウトソーシングで、一人500万円として7人分の3,500万円を計上している（必要な9名の人員は確保）。そして、設備更新による高機能化で燃料費は毎年80万円に減少するのであるが、この設備投資に1億円を要したので、20年の償却期間を想定して、減価償却として毎年500万円と公債

費利子200万円（設備投資全額を20年一括償還（10年目で全額借替）で起債充当し、利子費用を毎年200万円としている）を費用計上している。

　ケース1、2を比較すると、ケース2の総費用は25年度でも、ケース1から2,170万円削減することができ、その差は、年を追うごとに拡大して、28年度では2,500万円となる計算となった。

　まず、設備投資に関して検討すると、単式簿記・現金主義では、25年度に1億円の設備更新の資金調達を起債充当で行うことを考えても、当該年度の予算が前年対比で1億円も膨らむことになり、前年対比マイナスの予算編成方針に反することになる。その結果、償却済みの老朽化した設備に対して、多額の維持修繕費を払わざるを得なくなっている。単年度予算の発想では、長期的に見れば経費削減になることが分かっていても、財源を確保することが予算総額を膨らませることになり、財政規律確保の観点からは容認できないことになるからである。

　ところが、複式簿記・発生主義会計では、1億円の投資は、貸借対照表上の資産とそれに伴う同額の負債が増えることになるだけである。また、行政コスト計算書では、多額の燃料費と維持補修費にかわって、減価償却費と設備投資によって少なくなった燃料費と維持補修費が計上され、総費用は削減されるのである。

　人件費に関して検討すると、従来型の予算編成では、人件費は全庁的に総務費に一括計上されるので、それぞれの部局（現場）の予算には人件費は計上されていない。したがってアウトソーシングの委託費の7名分3,500万円は、部局にとっては「予算増」になってしまう。しかし、人件費も部局に按分して、部局の予算として計上すれば、委託費によって人件費が削減されるので、予算を削減しても、同じ人数で管理運営できることになるのである。

　このように、事業別の財務諸表を複式簿記・発生主義で整備すれ

ば、事業費用を真のフルコストで把握することができ、事業「運営」から、事業「経営」へと発想の転換を促し、合理的な資源配分ができることにつながる。

　事業費を部局別に「枠配分」して、予算の総額管理をしたり、さらに、人件費も部局ごとに配分して、人件費と事業費の合計額を対象にして、その配分割合も部局で判断する「包括予算編成」で創意工夫を促す手法は、いくつかの自治体で実践されている。町田市の事業別財務諸表整備による事業管理は、「枠配分」、「包括予算編成」をさらに一歩進めて、職員に経営感覚を醸成するという視点でも画期的な試みとなっている。

●款項目の「目」と実施「課」を一致させる

　町田市では、市長のリーダーシップによって、3年かけて、複式簿記・発生主義による、事業別の財務諸表を作成した。その結果、職員にも徐々に公会計改革は事業改革をすすめるツールであるという認識が広がってきた。

　事業別財務諸表を作成する際に重要なのは、当然のことながら決算ベースで作成することであり、そのためには、予算書における「目」と事業を担当する「課」の対応から、事業を整理したという。なぜならば、「目」と「課」が一致していなければ「節」別に支出した費用を、決算において事業別に仕分けることが難しくなるからである。

　一つの課が複数の歳出目をもつことは認めるが、一つの歳出目が複数の課にまたがることはないように、事業と課、そして、歳出目を整理したことで、全ての歳出目の財務諸表を作成することができたのである。複数の施設を所管していたり、その施設に使用料などの受益者負担がある場合には、より詳細に事業を分析するために、歳出目を細分化した「特定事業別財務諸表」も作成している。

　財務諸表の作成は、施設管理運営などの事業を、経営的観点から合

理的に維持修繕を行い、適切な受益者負担を設定する目的のため、という観点を明確にする。従来型の施設運営、更新・維持管理とは違った、効率的・効果的な公共施設マネジメントの重要なツールを整備することができる。町田市の試みは、まだまだ始まったばかりであり、個々の実践事例は少ない段階である。しかし、事業別財務諸表の整備は、公共施設マネジメントと公会計改革とは、車の両輪であることを明確に示し、今後の取り組みの方向を示したことで、多くの実践事例を生み出す基盤を形成しているのである。

　また、町田市では発生主義・複式簿記の導入に際して、「日々仕分け方式」を採用している。事業費執行ごとに仕分けて入力するために、多くの職員が関わることとなり、年度末に一括して入力する「期末一括方式」と比較して、研修や運営に手間がかかる。しかし、町田市長は「職員一人ひとりのコスト意識を高めるために、敢えて日々仕分け方式を採用した」と述べている。フルコストによるコスト意識を持つことがいかに大切かということをトップが認識していることは極めて重要であることを示している。

6 使われていない公共施設における受益の偏在と負担の明確化

●公共施設マネジメントにおける「受益者負担見直し」の意義

　公共施設マネジメントの基本的な課題は、その維持・更新のための財源が決定的に不足していることにある。したがって、統廃合による総面積削減だけが目的達成の手法ではなく、管理運営経費の削減や受益者負担増による使用料収入の増加も、主要な手法となることは、第1章4の「公共施設マネジメント方程式」で指摘してきたことである。財源を産み出せば、その分、面積削減の必要量は減ることにもなる。このような、施設面積、管理運営経費、使用料収入、さらには、余剰施設や土地の売却益を、必要財源の「変数」としてとらえることができれば、この「公共施設マネジメント方程式」によって、施設利用者との合意形成により、その解が変わることになる。

　後述するように、公共施設（公の施設）の利用者は、意外に少なく、一部の「ヘビーユーザー」の受益に対して、多くの住民の税金がつぎ込まれている実態がある。受益者負担額の見直しを進めることは、施設面積圧縮の負担を減らすことだけでなく、財政的にももっとも基本的な住民サービスである医療、福祉、教育、防犯防災に資金をシフトすることができる点で重要な政策の方向となる。ここでは、受益者の偏在を前提に受益者負担のあり方を検証することにしたい。

●「受益者負担」概念の再検討

　受益者負担の考え方については、「公共財」の考え方を基本にすることができる。

公共財は、防衛、警察、消防、一般道路、公園などのように非排除性（対価を払わなくても排除されない）と非競合性（ある人が消費しても他者の消費が減少しない）を有する純粋公共財と、いずれか一方の性質を持つ教育、医療などの準公共財に分類される。

　国民は、この公共財によって様々な公共サービスを享受する。公共財は、市場のメカニズムに委ねると十分にサービスが提供されない、つまり「市場の失敗」となるサービス分野を、政府が担うことによって必要なサービスを供給するという概念となるが、その財源は当然のことながら税金である。

　実態的にはすべての住民が受益者ということは例外で、多くの場合には特定の公共サービスについて、特に公共施設においては、人口比では少数の受益者が存在する。一般的に、特定の受益者に負担を伴わせるべきか否かは、そのサービスの性質によってのみ決定されるべきであり、所得再配分機能の観点も含めて、費用対効果（コスト回収）によって単純に論じられるものではない。しかし、近年の地方財政状況の悪化による歳出削減によって、前提条件に変化が生じ、経済合理性の観点から論じられる傾向が強くなっている。単純な「取れるところから取る」という発想が多いこともあり、合理的な基準を検討することも、公共施設マネジメントの一環として位置づけられるべきではないかと考えられる。

●受益者の偏在を前提に考える

　財政的な事情から、受益者負担の見直し傾向が始まった事情があるが、公共施設に関する受益者負担の発想は、その維持管理費コストの負担が大きいことから、受益者（利用者）に、その一部を負担していただくという発想である。この場合、維持管理コストが一定であることが前提となっているが、仮に、管理運営担当として常勤公務員を配置している施設を、業務委託や指定管理者制度の導入に転換すれば、

維持管理コストの主要部分である人件費コストが軽減され、受益者負担の「割合」にも影響を及ぼすことになる。

公共財としての公共施設であるので、維持管理コストは、住民の共通経費として税金をあてるという基本的な発想によれば、受益者にすべて（100％）の経費負担を要求することはなく、半分程度という「感覚」ではないだろうか。原則として、公共施設はすべての住民の利用を可能にしているので、少数の利用という実態があっても、その少数にすべての経費負担を課すことは、「公共財」の観点とは矛盾することになる。つまり、所用のコスト負担を利用者に分担してもらうことを仮定すると、維持管理費の削減可能性や、多くの住民の利用可能性などを勘案し、その負担割合を決定することになる。しかし、この割合を決定することは大変に難しい。

一方、受益者の偏在を前提として、税金の負担者と受益者との関係を考えると、受益者負担の原則が分かりやすく示されることになる。

ある自治体の公共施設再配置検討に関する委員会委員長を引き受けたときの経験である。委員会活動の一環として、数施設の利用状況の視察を行い、その中で、老人福祉施設を訪問して、その利用実態における受益の偏在に驚いた。

「老人福祉センター」と称する施設であり、その設置目的は「高齢者の方の教養の向上やレクリエーションを行うための将棋、囲碁、マッサージ機、カラオケ、お風呂などが利用できる施設で、各種生き

図表1－12：ある自治体の事務事業評価書からのデータ

施設数	施設総面積 (㎡)	利用者数 (年間)	利用者数 (日)	利用登録者 (推計)(人)	対象者 (60歳以上の住民)	管理運営費 (千円)	維持費 (千円)
6	4,759.63	210,140	717	900 (対象者比0.4％)	211,000	178,868	13,362
利用登録者一人当たり税金投入額				21万3,600円			

がい講座も行う」である。対象者は60歳以上の住民で、利用料は無料、利用可能時間は午前9時から午後4時30分までとなっており、休館日は毎週月曜日と休日、年末年始なので、年間約300日の稼働という状況である。

　この自治体の事務事業評価書に記載されたデータをもとに、利用登録者への税金投入額を計算すると、対象となる60歳以上の住民の0.4％の利用者に対して、一人当たり21万円を超えることが判明した（図表1-12）。この評価書に記載されたコストデータは現金主義であるので、発生主義による施設の減価償却費（約5,000㎡の床面積なので年間5,000万円ほど）を考慮すると、最低でも25万円程度の投入額と想定される。

　この25万円の費用投入の成果を説明することは難しい。この施設における事業内容が、高齢者の教養の向上とレクリエーションという「消費的」な内容のみで、高齢者の健康維持（医療費や介護費の削減に通じる）やグループリーダーの養成のような「価値付加的」（投資的）な内容ではないためである。これだけの費用を投入するのであれば、対象者全員に、民間スポーツジムの利用券を配布し、利用した分だけジムに利用料を支払うという事業として実施すれば、対象となる高齢者全員の健康維持、入浴、レクリエーションのための機会の均等は確保しているという効果を説明できる可能性があるだろう。

　このように、受益の偏在を考慮すれば、単純に利用料額を増やすという議論ではなく（年間25万円もの利用料金を基礎にすれば、例え半額に減免しても、利用者はほとんどいなくなることは確実である）、施設そのものの存在意義、あるいは、代替施策を検討せざるを得なくなることは確実である。

●公共施設の利用者は意外と少ない

　非排除性、非競争性という公共財の概念(純粋公共財と、準公共財とに分かれるが)が適用される公共施設(公の施設)であるが、利用実態をみると、利用者は極めて一部の住民であるのが一般的である。新潟市での無作為抽出による市民アンケートをみると、日常的に使うと意識しているレベル(月に数回以上)で最も多く使われているのは図書館であるが、それでも16%ほどである。公民館、体育施設などは10%程度以下という結果が出ている(図表1－13)。

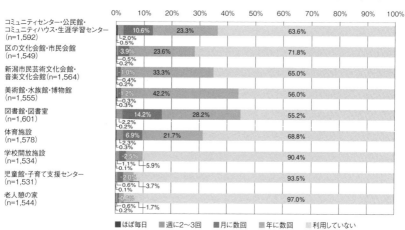

図表1－13：無作為抽出市民アンケートによる公共施設の利用状況

出所：新潟市「第40回市政世論調査」(平成25年度)より作成

　他の自治体における同様の無作為抽出によるアンケートによれば、新潟市とほぼ同様に最も利用率の高い図書館でも10%強の住民が利用している程度で、7割の住民は、どの施設も利用せずに、税金として維持管理費を支払っていることになる。

　さらに、首都圏のある自治体で、図書館の再整備が課題となり、利用状況について貸出履歴をもとに分析した結果(個人の貸出図書情報

は、個人情報管理の観点から返却後に削除されるが、氏名を特定しない貸出状況については、分析ができた）、約1割の利用者が、利用（貸出）全体の9割を構成することが判明した。この結果には、図書館担当者も「意外だ」との印象をもったとのことである。また、毎週のように年間30回以上貸し出しサービスを受ける、いわゆる「ヘビーユーザー」は、人口の0.1%であることも判明した。

　図書館の利用実績については、「一人当たり貸出冊数」が、従来から大きな評価指標となっている。しかし、上記のような利用実態が判明すると、一人当たり貸出数の意味は、利用実績を評価する指標としてはまったく意味がないことがわかる。図書館の機能は図書の貸出だけではなく、さまざまな機能があるので、貸出冊数よりも、入館者数の方が重要な指標となる。

　もちろん、図書館の存在意義が、少数のヘビーユーザーの存在があるからといって、否定されるわけではない。むしろ、貸出冊数の指標のみが強調され過ぎたために、「無料貸本屋」という批判が生じたことを踏まえ、知的空間、情報アクセス、調査研究機能など、図書館の本来機能のあり方を示す指標を、広く住民とともに議論することの重要性が明らかになったのではないだろうか。

●正確で客観的なデータによる受益者負担率の改訂が必要

　受益者負担の議論は広く行われているが、受益者の偏在を分析し、適正な負担のあり方を目的とした調査研究は、現時点ではほとんどない。これまで行われてきた検討は、公共施設の性格を分類し、あるべき負担割合（維持管理費に対する利用料の設定）の調査研究である。

　例えば、近江八幡市では、平成18年に、「受益者負担の基本的な考え方」では、行政関与や行政サービスの性質等を区分することで受益者負担率を設定するとして、次の4区分を例示・図示している（図表1－14）。

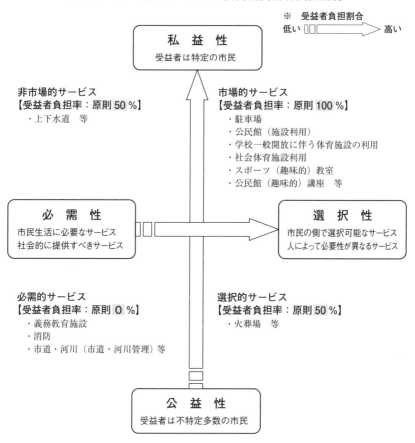

図表1－14：行政サービスの性質別受益者負担割合

出所：近江八幡市資料から作成

① 必需的サービス（受益者負担率 原則0％）
市民の日常生活において、ほとんどの人が必要とするサービス
【例】義務教育施設、消防、市道・河川（市道・河川管理）等
② 非市場的サービス（受益者負担率 原則50％）
市場原理では、提供されにくく、行政が中心に提供するサービス
【例】公民館（社会教育講座）、上下水道、一般家庭ごみ 等

③ 選択的サービス（受益者負担率 原則50％）
　個人によって必要性が異なるサービス
　【例】火葬場 等
④ 市場的サービス（受益者負担率 原則100％）
　市場原理により民間においても同様のものが提供可能なサービス
　【例】駐車場、社会体育施設利用、公民館（施設利用）、スポーツ（趣味的）教室、公民館（趣味的）講座 等

　この近江八幡市の受益者負担率は、100、50、0％の3区分であるが、浦安市では、平成16年に策定した「使用料等設定及び改定基準について（指針）」において、25％、75％という負担率を加えている（図表1－15）。

図表1－15：使用料等の受益者負担（区分）基準

区分	内容	具体的事例	受益者負担率
全面的に受益者が負担するもの	・特定の市民が対象であり、利用も特定されるサービス ・便益が特定されるサービス ・民間等と競合するサービス ・公営企業的なサービス	ケアハウス駐車場、自転車駐車場（指定有）、市営住宅駐車場、下水道、墓地公園、桟橋	100％
大部分を受益者が負担するもの	・一部の市民が対象であり、利用が特定されるサービス ・民間等との競合的なサービス	独居老人住宅、保育園、幼稚園	75％
公費と受益者で負担するもの	・全市民が対象で必要に応じて利用でき、広く地域の連帯、健康の増進や文化的生活に寄与するサービス ・民間等との競合性もあるサービス	保養所、自治会館、市民プラザ、文化会館、自転車駐車場（指定無）、公民館、野球場、テニスコート、サッカー場、ソフトボール場、スポーツコート、パターゴルフ、中央武道館、総合体育館、屋内水泳プール、東野プール	50％
大部分を公費で負担するもの	・全市民が対象であるが、利用が特定されるサービス		25％
全面的に公費で負担するもの	・全市民が対象であり、広く地域の連帯、健康の増進や文化的生活に寄与するサービス	道路、公園、図書館等	0％

出所：浦安市資料から作成

いずれにしても、現行の公共サービスの受益者の負担増となる方向なので、実際に使用料などを改定するときには、受益者から負担率割合の客観的な根拠を厳しく追及される可能性が高い。

　一方で、受益者の偏在に関するデータを分析し、提供することができれば、利用していない市民から、極めて一部の受益者に多額の税金が投与されている「不公平」について、負担増を前提とした使用料などの改訂要望が出される可能性がある。

　ここでも、固定資産台帳を活用した施設ごとの減価償却額や人件費などを含めた、発生主義会計による正確なコスト情報を提示するとともに、利用実態における受益者の偏在を客観的分析することの重要性が明確になる。

　公共施設の性質・内容をいくつかに分類し、25％刻みの受益者負担率の基準を策定しても、それは、あくまでも「目安」である。具体的な負担率を決めるには、一部の受益者と利用していない大部分の住民の双方に対して、課題提起と客観的データを示し、税金の負担者と受益者の接点を見出すことが重要である。役所の側から負担額の増加を提起すると既存の利用者の大きな反発を招くが、利用者と負担者の関係を客観的データで示し、住民の間での議論を促すという手法も検討されるべきだろう。

　各種の公共施設の必要性と合理的な管理運営体制、適正な使用料負担を議論し、床面積削減の数値を小さくすれば、結果的に、現行受益者にも施設面積の確保というメリットも生まれる可能性もある。

7 複合施設としての公共施設

●公共施設は「設置条例」によって縦割りに

　一般にいわれる公共施設は、基本的には「行政財産」であり、行政財産は必ずその施設に関する「設置条例」で、その名称や目的、管理運営事項と担当部署などが明記される。そして、この設置条例によって、役所内部でも利用する住民に対しても縦割り行政が構造化する傾向にある。

　住民生活に密着した様々な分野での行政サービスを展開するうえで、それぞれの担当部署が分野ごとの専門的観点から必要な施策・事業を行うのであるから、責任を明確にする点で縦割りは単純に批判されることはない。批判されるのは、自分の担当分野・部署における狭い範囲での仕事に没頭し、住民生活全般への配慮に欠けた「縄張り意識」を持つことである。

　すべての公務員が幅広い観点をもって仕事を進めることができれば、現状よりも効率的・効果的な行政サービスが展開されることは確実である。しかし、残念ながら、行政組織も条例で縦割りが規定され、予算も年度単位で編成され、人件費や公債費といった固定費以外は、部局ごとの縦割りで配分される、という固定的な組織と予算が原則となっていることから、縦割りの解消は簡単なことではない。

　ところが、「公の施設」に関しては、「縦割り」という批判はあまり聞かない。公共性と公平性における利用制限（同じ団体は月に2回までとか、政治・宗教目的は許可されないなど）については、「役所的」というように批判されることもあるが、縄張り意識を前提とした

縦割り批判は比較的少ないように思われる。これは、後述のように、住民が自らの利用目的に沿って自由に施設を活用しているからである。

ここで、「公の施設」という表現を強調したのは、通常、「公共施設」という表現では、公民館や図書館、体育館などに加えて学校や保育所、公園なども含めた概念で議論される傾向にあるが、そもそも、限定された目的のための専用施設である学校や庁舎などと、誰でも許可なく自由に利用できる公園などの「公の施設」とは、定義の上からも概念が違っていることを明確にするためである。

「公共施設」という用語には法的に統一された定義はない。地方自治法においては、自治体が整備したさまざまな「営造物」のなかで、ハードウエアとしての施設の管理に加え、一般市民が利用する施設については利用許可や料金というような運営（ソフト）にも注目して「公の施設」として切り出し、概念（定義）を明確にした経緯（昭和38（1963）年の地方自治法の一部改正）がある。

「公の施設」もほとんどが行政財産であるので、条例で使用目的と管理部局が規定されている。しかし、住民が自らの意思で利用する「公の施設」は、担当部署が想定した利用形態を超えた利用が多いという実態がある。典型的なのは、公民館と体育館である。公民館は社会教育の拠点として長い歴史を持っている。しかし、現在の多くの事例では、社会教育としての「自主事業」の比率は1割程度で、ほとんどの利用は地元住民のサークル活動への貸館機能が主となっている。特に、多目的室は、エアロビクスやヨガ、フラダンス、卓球など身近なスポーツ活動に多く利用されているという実態がある。スポーツ施設といえば、体育館をはじめ野球場、ゲートボール場を思い浮かべる。しかし、これらのスポーツ施設利用の実際は、特定の団体利用がほとんどで、地域住民が気軽に利用するスポーツ施設は、公民館となっている場合が多い。また、一方で、体育館は観客席を持つような

大規模なものとなると、体育施設というよりは、イベント会場として利用されることが多い。

つまり、住民の側から見れば、「公の施設」は、条例で定められた目的にこだわらず、さまざまな目的に対して、それなりの形態で利用する施設であり、実際の利用目的によって使い分けがされている。実際に、地元住民にとっては、公民館でも、敬老会館でも、男女共同参画センターでも、または、施設内の会議室でも研修室、和室でも、集会機能であれば、利用日程や料金によって、最も合理的な施設（部屋）を使うことが当然となっている。

名称や目的にこだわっているのは、担当部署の職員だけということもいえるのではないか。住民の側からみれば、施設の利用条件が自由であれば、あえて縦割り行政という批判をする必要もなく、現実的に問題なく「公の施設」を利用している実態がある。このような状況を前提とすると、「公の施設」ではない学校などの公共施設に関しても、積極的な利活用を行うための概念整理を行う必要が生じているのではないか、というのがこの節の論点である。

●学校施設を利活用することの法的・実態的位置づけ

「公の施設」だけを対象に公共施設マネジメントを行うのであれば、利用実態からみれば、利便性の確保を考慮するだけで、それほど多くのエネルギーを使う必要はないのかもしれない。しかし、多くの自治体において、「公共施設マネジメント」を検討してきた経験から共通しているのは、公共施設を「公の施設」とその他の施設とに分けて考える必要があるということである。結論からいうと、公共施設の総面積の約半分を占める小中学校の施設は、「公の施設」としてどのように活用するのかが焦点となるからである。

一般に、学校施設、都市公園、道路・橋梁、上下水道施設などは、個別法で管理運営事項が定められているので、「公の施設」にはあた

らないとされ、指定管理者制度の適用除外となっている。一方で、保育所などの福祉施設、病院などは、個別法によって施設・設備の管理運営主体が行政機関に限定されていないこともあり、「公の施設」として指定管理者制度の適用が可能となっている。ところが、実質的には、福祉施設や病院等は、「公の施設」とはいっても、その利用者は特定の福祉サービス（児童、高齢者、障がい者が対象）や医療サービス（患者とその家族が対象）の対象者に限定されており、一般住民ではない。

　このような公の施設とそれ以外の施設の概念があることを前提とすると、学校施設は、行政機関（教育委員会）が管理運営責任を負う施設・設備である一方で、体育館や校庭、余裕教室（空き教室）などは、放課後や土日休日は地域住民に開放されていることから、「公の施設」的側面（時期と時間に制約はあるが）を持っていることになる。

　学校施設を含む公共施設のマネジメントの基本は、更新財源の確保にあるのだが、そのもっとも効果的な手法は、施設総面積の縮減であることは間違いない。

　学校施設は、小学校では標準的には1ヘクタール程度の敷地に、校舎、体育館、校庭、プールなどの諸施設（棟）を備えている。学校教育の専用施設であるが、その稼働率は極めて低い。夏休みや冬休みなどの長・中期休暇、土日休日を除くと、年間365日のうち200日程度の稼働であるから、55％ほどの稼働率である。また、1日における通常の施設稼働時間を12時間程度として仮定すると、授業時間は朝8時から16時くらいの8時間程度なので、70％ほどの稼働率となる。100％の稼働率に対して、55％と70％を掛ければ、年間稼働率は38％程度となる。学校全体を常に使っているわけではないので、空き教室や特殊教室、体育館や校庭などの個別稼働状況を考慮すれば、30％以下の稼働率となる可能性が高い。都市部で人口1万から数千人に一校の割合

で設置されている小学校は、その学区内からは徒歩圏に位置した大きな空間なので、地域コミュニティの核施設としての活用ができれば、ほとんどすべての「公の施設」機能を実現できるほどである。地域差で過密校も存在しているが、多くは、少子化傾向の中で余裕スペースがあるのだから、この学校施設を複合施設としてどのように活用するのかというのは、公共施設マネジメントの中心的課題であることは間違いない。

ちなみに、教育委員会の定義としては「空き教室」は存在しないことに留意する必要がある。教育委員会としては、少子化などの影響で使用していない教室があっても、いずれは使用する可能性がある「余裕教室」として存在している、という解釈なので、「空き教室の利活用」という表現をとると、施設の地域開放を協議する際に、議論の入口で時間がかかる可能性が生じるからである。

●図書館も公民館も複合施設

佐賀県の武雄市図書館と伊万里市民図書館は、どちらの図書館も多くの利用者を集めて、図書館としての「成功例」とされている。なぜ、多くの利用者が訪れているのかを考えると、従来型の図書館のイメージである図書の貸し出しと子どもへの読み聞かせイベント、調査研究支援のレファレンスというサービスのみが評価されているのではないことがわかる。両方の図書館ともに、利用者のさまざまな要望に応えているからである。

年間140万人も集めることで、話題となっている武蔵野市の「武蔵野プレイス」も、図書館、生涯学習センター、青年館の複合施設であるが、レストランも併設されたその自由に使える空間が大きな魅力となっている。

次ページの写真は、平成25年8月に、リニューアルオープン後数ヶ月経った武雄市図書館を視察したときのものである。写っている当時

図書検索をする女子児童

小学校5年生の女子児童が、一生懸命に図書検索をしていたので、「何を調べているの？」と聞いたところ、「来週、お母さんと妹と3人で東京ディズニーランドに行くので、お母さんから頼まれて、ディズニーランドとその周りの観光の本を探している」と答えてくれた。15分ほど後に、カフェコーナーを見ると、この女子児童がお母さんと妹と3人で、テーブルを囲み、それぞれの飲み物やお菓子を口にしながら、集めた7、8冊の関連図書を見ながら、おそらく、来週の東京ツアーのプランを楽しそうに話していたのが印象的であった。このような光景は、従来型の図書館では見られなかった。飲食、おしゃべりは、未だに禁止されている図書館が多いからである。しかし、親子交流を想定した「複合施設」としてとらえれば、人口5万人規模の市の公共図書館としては、容認されるべき、あるいは積極的に位置づける利用形態ではないだろうか（アメリカやアジアの公共図書館では、おしゃべりやコンピュータの利用、ペットボトルは容認され、静かな読書空間を求める利用者には、別に「静寂ルーム」を提供している事例も多い）。

武雄市図書館も、伊万里市民図書館、武蔵野プレイスも実態から見れば、図書館と公民館（あるいは、交流館）という「複合館」であり、複合機能を意識的に活用すれば、利用者は拡大するという傾向では共通している。

●文化施設の観光機能を活用することも

　第3章5では、静岡県掛川市において、掛川城天守閣と周辺施設を、観光・商業施設としての活用も可能という条件で、指定管理者を公募したところ、指定管理料を3年後にはゼロにするという提案が事業者から提案された事例を紹介している。この掛川城天守閣は、総工費（14億5,000万円）の半分を市民の寄付でまかない、当初は年間約50万人の入館者を集めたが、近年は約10万人と減少し、周辺施設と合わせて、年間2,500万円以上の赤字が続いていた状態だった。

　毎年3,000万円ほどの赤字を出し続ければ、市民から寄せられた数億円の寄付は、20年ほどで「食いつぶし」、市民は維持管理にも税金を負担することになる。このため、施設管理の担当者は、「収益施設」への脱皮を検討した。これに対して、庁内からは「大切な文化財を商業施設にするのか」という伝統的な社会教育的発想からの批判があったが、重要文化財の保存財源も確保できなくなったらどうするのか、と反論し実現したのであった。現在では、成功的事例としての認識もひろがり、庁内外で「やって良かった」と評価されている。

　これまで、文化財施設は、観光的要素はあっても、社会教育施設として、「収益」は「付随的」という理解であった。しかし、財政難のなかで、文化財の価値を損なわずに、むしろ保全を確実にする財源を確保するのであれば、観光施設としても活用するという動きも出始めている。第3章5の大阪城公園ＰＭＯ事業など多くの公共施設で条例での設置目的を固定的にとらえ、税金で管理運営するという従来型の発想を見直せば、施設の複合的な機能を最大限に活用することがで

き、市民に収益すらもたらすことができることが示されたのである。

　図書館運営において、「図書館利用は法律で無料とされているので有料の事業は実施できない」と本気で主張している関係者が多いことに驚かされる。「図書館法」は第17条で、「公立図書館は、入館料その他図書館資料の利用に対するいかなる対価をも徴収してはならない。」と規定しているが、法律の専門家でなくとも、料金徴収が禁止されているのは「入館料」と「図書館資料の利用に対するいかなる対価」であり、これ以外のサービス提供（会議室等の利用、講演会等の参加料、飲食や物販など）は有料で行うことができることは明白である。一部の大学図書館では、借りた図書の返却が貸出期限を過ぎた場合に、一定のペナルティ（罰金）を課している。しかし、ある公立図書館では、「無断で延滞する人がいるのなら延滞料金を1日10円でもいいので集めたら、というご提案につきましては、図書館法第17条で、「公立図書館は、入館料その他図書館資料の利用に対するいかなる対価をも徴収してはならない」と定められており、その実施は困難となっております。」とwebsiteで回答している事例（K市立図書館）もある。知識と情報を扱う施設でありながら、法律の知識（常識）に欠けている事例があるのは、残念なことである。このような公共施設における「サービス対価」すらも「収益」とみなす、間違った「公共性」への理解が、「マネジメント」（経営）の桎梏になっている実態を直視し、改革することも必要となっている。

8 コスト感覚による緊張感と責任の明確化

●公民連携よりも「経費削減」が優先した指定管理者制度

　前節でも述べたように「公の施設」という概念が、インフラや学校などの個別法に規定される施設と区別され、市民の利用を前提とした運営が必要という観点から、「営造物」と区別された概念として法的に定義されたのは、昭和38（1963）年の地方自治法の改正であった。このときは、税金によって整備された公共的な施設（「公共施設」という法的に統一された定義は存在しないので、あえてこのような表現とした）であることから、管理運営は当然のこととして公務員が行う「直営」方式が前提とされた。

　この直営方式による非効率（主として一般職公務員による専門的な管理運営ノウハウの欠如と固定的な勤務・服務形態による柔軟性の欠如など）が見直されたのは平成3（1991）年の地方自治法の改正である。ここでは、施設設置自治体が2分の1以上出資する法人であれば、公の施設の管理運営を受託することができ、同時に収受した利用料金を歳入として処理するのではなく、直接に管理運営経費に充当できる「利用料金制」も可能となった。

　この出資団体による管理運営では、公務員の固定的な雇用形態ではなく、専門家の配置や利用形態に合わせた柔軟な人員配置による効果が期待された。しかし、多くは、自治体からの管理職派遣や公務員準拠の雇用形態が行われ、また、出資団体という他に競争相手がない特殊な法人であることから、自治体と出資団体の双方にとって、緊張感をもった契約関係による効率的・効果的管理運営の実現には距離が

あった。

　このような状況から、平成15（2003）年に指定管理者制度が創設されて、その適用が促された。しかし、十分な経験が不足していたために、役所の発注者としての優位的な立場を反映した「価格重視（経費削減）」を主目的とした事業者選定の発想から逃れられなかった。これは、長年にわたる施設の管理運営の方向について、住民サービス提供としての意識が競争環境のないままに、単なる「管理」という発想に限定されて、財源不足のなかで、経費削減だけが自己目的化した経緯と考えることもできる。その結果として、指定管理者制度が、適切なリスク（責任）分担による効果的な公民連携の手法として認識される傾向にならなかったのは、残念なことである。

●フルコストが把握できない、これまでの公会計の構造

　指定管理者制度の運用上で、大きな課題となっているのは、「公民連携」の発想が欠如していることである。サービス経済化の進展している現代社会において、サービス提供とその対価、もしくは、そのコストに関して緊張感を伴った関心を寄せることは、業務をアウトソーシングする際には大変重要な前提である。しかし、残念ながら公務員は、ほとんどその感覚、関心をもつことができていない。

　その要因としては、公務員が安定した身分と「年（功）序列型給与」のもとで、公的あるいは非営利的な仕事に従事していることが指摘される。しかし、コスト意識が持てない構造的な要因は、現金主義・単式簿記という会計構造と、款項目節による予算にあることは、あまり指摘されていないようだ。

　まず、肝心な人件費に関しては、自分の人件費がどれくらいの金額なのかが分からない状況にあることが指摘できる。自治体の職員を対象とした研修を担当する際に、「1時間当たりの人件費」を問いかけることが多い。その際の参加者の8割の回答は、実際には5,000円ほ

どであるにもかかわらず、半分の２、3,000千円となる実態がある。

　現行の公会計制度の下では、人件費は予算編成上、事業実施部局にではなく平均給与額を基準に、給与、手当、社会保険料、福利厚生費などが人事担当部局に一括計上されるので、事業担当部署で人件費を含めた事業実施のフルコストを意識・算出することは非常に難しい。また、施設を伴う行政サービスに関しても、これまでは固定資産台帳を整備して個別施設の減価償却額を算出している自治体は極めて少数派だったこともあり、これも減価償却費を含むフルコストを把握する際の桎梏となっていた。

　予算編成では、人件費と減価償却費は計上しないものの、それでも、事業別に費用項目を積算することができたので、大筋の事業コストは把握することはできた。しかし、決算においては、節別の費用項目を複数の実施事業別に正確に仕分けることが不可能なために、事業別の決算ができないので、おおよそのフルコストすら把握ができない現状にある。実務を経験すれば明白なことであるが、事業執行は入札での価格変化、想定外の支出や住民対応などで予算通りにはならないことが多い。また、課ごとに人員や予算が配分されるが、一つの課で複数の事業を執行するのであるから、事業ごとに備品や消耗品、賃金等を仕分けることは非常に難しい。さらに、予算「目」と「節」間の流用は可能であるから、事業別予算とその決算には少なくない「乖離」がある。

　このような状況で、業務委託や指定管理者への業務代行を行うのであるから、事前の正確な費用積算は難しく、結果的に、事業者選定は「価格総額」の多寡を判断基準にする傾向になってしまう。

　どのような事業をどの範囲と責任において、委託ないしは代行とするのか、その適正な費用はどのくらいかというような論点が十分に議論されない傾向は、このような公会計の構造から生じてくる。コストパフォーマンスの明確な判断基準のない状況では、公民の役割分担を

明確にして、密接な連携の下で効率的・効果的な事業執行を行うという発想にいたるには、相当の困難が存在している。この観点からも、公会計改革によって、事業別の財務諸表（特に、行政コスト計算書と貸借対照表）が整備されることにより、減価償却額や人件費などの固定費に関する意識が高まり、民間企業と「共通の基盤」で連携ができるようになることが期待できる。

◉指定管理者の「利益」が計上されていない「不思議」

　指定管理者制度の適用においては、「期間の設定」によって、原則的には複数年度の指定になる。この期間設定によって、通常は数年の指定期間終了後には、次の指定を行うために、必ず、指定期間内の成果について評価を行い、3つの選択肢が用意されることになる。

　一つは、非常に良い管理運営の実績をあげているので、既存の指定管理者を継続して指定することである。この際には、公募による選定作業は必要ない。継続が妥当という評価結果があるからである。

　もう一つは、管理運営実績が想定を大きく下回ったという評価がなされて、再公募によって次の指定管理者を選考することである。

　第三の選択肢としては、期待された管理運営の成果は達成したものの、評価の結果は、さらに大きな成果をあげる事業者が存在するかもしれないので、既存事業者に若干のインセンティブ（加点）を与えつつも、公募によってよりよい事業者を選考することが考えられる。

　このような評価が行われていれば、数年ごとに施設の管理運営に関するコストパフォーマンスの評価が行われ、行政にとっても指定管理者にとっても、好ましい緊張関係による公民連携の状況が生まれる可能性がある。しかしながら、現実にはほとんど有効な評価が行われていない実態にあるので、単純な「再公募」原則が適用される事例が多い。

　まだ、一部に「指定管理にすると、民間事業者は、利益を生み出す

ために人件費を削るので、質の低下につながる」という主張が残っている。この考え方で問題となるのは、そもそも経費削減を目的に、事業者選定にあたっての選考基準の主要項目を「指定管理料の価格」においているのは、自治体の側であり、低い人件費となる主因は、自治体の姿勢にあることを理解していないことである。それに加えて、「利益は悪」という発想で、必要な利益の水準を検討してこなかった自治体の怠慢を放置することでもある。

このような発想を端的に表現しているのが、多くの自治体で指定管理者に提出させている収支決算報告書である。不思議なことに、この収支決算報告書に「利益」が明記されている事例はほとんどない。

図表1－16は、ある自治体の大規模体育館における指定管理者の平成26年度における収支実績の概要であるが、ここには、収支差額として、約400万円が示されている。この資料は、「自治体が内部で行った評価」に対する評価を専門家として第三者の視点から行うという制度における第三者評価委員会の席上で配布されたものである。提出された収支報告に基づき「これは利益を示しているのか」と質問したら、「収支差額を返納することは要求しないので、実質的に利益と考える

図表1－16：ある自治体の指定管理者の収支報告書から

(単位：千円)

収　入	指定管理委託費	57,647
	利用料金収入	20,202
	事業収入他	11,335
	収入　計	89,184
支　出	人件費	12,110
	委託費	44,443
	事業費他	28,470
	支出　計	85,023
収支差額		4,161

こともできる」という自治体担当者の回答であった。評価者には税理士もいたので、「事業収入が約8,900万円という規模で、利益が400万円というのは、事業として成り立つのか」と質問したところ、「粗利で５％以下というのは、営利会社としては極めて低い利益率となる」という見解であった。たまたま、この体育館の指定管理者は、当該自治体が出資している財団法人（非営利法人）であったために、この利益率水準でも問題にはならなかったが、企業が指定管理者であれば、この低水準の利益事業では参入が困難になるということがわかる。

　この体育館には、観客席が約2,000名分あり、住民の身近なスポーツ施設というより、ボクシングやプロレスの興行も含めた「イベント施設」である側面が強く、これらの事業収益によって、指定管理料を管理運営費用の半額程度に抑える効果を産み出している実態がある。このような施設を設置し続けるのがこの自治体の基本方針であり、収益性を拡大することを「是」としていることから、将来的には、公募によって、民間企業による管理運営も視野に入るのである。そうなれば、利益を追求して、その一定割合を自治体に納入させる契約にすれば、住民利用の経費に対して投入する税金額が少なくなる効果も期待できる。

●積極的な公共施設活用のための「公民連携」

　すでに本章で検証したように、公共施設のほとんどは、10％程度の特定の住民の利用実態であり、ほとんどの住民は、一部の住民利用のために、維持管理のための税金を負担している実態にある。

　公共施設マネジメントの柱の一つは、利用実績の少ない施設の統廃合であるが、一方で、既存の施設を最大限に利用する方策の提示も、管理運営経費の節減という目的も含めて検討しなければならない。その際に、積極的な公共施設の利用を促し、住民が利用する以外に、さまざまなイベント、飲食や物販などによる収益事業を組み込むことも

視野に入ってくる。
　この場合には、自治体の直営（公務員による管理運営）や出資団体による管理運営よりも、民間事業者のノウハウ活用が必要となってくる。
　経営するという緊張感が欠如していると、「縦割り組織」の積極的な側面である責任の明確化が機能せずに、むしろ消極的な側面、つまり、課題についての本質的な議論を回避しながら、単純に経費削減を目的にしたり、契約（協定）の内容を、他の部局や自治体の事例をそのままコピーするということも起こりうる。

●民間事業者だからできる発想
　第3章の事例で詳細を紹介している大阪城公園ＰＭＯ事業は、大阪市が大阪城天守閣を中心とした公園の資産価値に注目し、これまでの実績をもとに、収益可能性を十分に吟味したものである。その結果として、大阪城公園の国際的な観光施設としての飛躍的な活用と、多額の財政収入という「一石二鳥」の効果を生み出したことの価値が非常に大きいことが分かる。もちろん、大阪市が単独で、経済価値を算出したのではなく、民間事業者への事前ヒアリングを通じて、的確なマーケティングを行った結果であることは、他の自治体にとっても大変参考になる手法となっている。コスト感覚に基づく緊張感をもつことは、公共施設マネジメントにおいても、非常に重要な要素となることに注目する必要がある。

第2章

公共施設マネジメントの効果的推進手法

1 シームレスな計画と実践の手法

●苦労の末に「計画」を策定したが、「何から」始めるか

　「公共施設等総合管理計画」の策定は、平成26年4月に総務省からの全自治体に対して要請がなされ、平成27年末時点で、ほとんどすべての自治体が策定作業を行っている状況にある。また、この「要請」以前から、公共施設の老朽化問題に取り組んできた自治体の中には、「計画」策定を終えたところもいくつか現れ始めた。

　しかしながら、計画策定というミッションを達成、もしくは、達成直前の自治体の担当者の多くは、「計画は策定できても、どこから手をつけるかで壁にぶつかっている」という悩みをもっている状況にある。

　もちろん計画策定の過程も、苦労の連続である。苦労が報われるのであればよいが、その苦労の先に明確な展望が見いだせないとしたら、徒労感ばかりが大きくなるだろう。

　施設の老朽化が進む一方で、扶助費等の義務的経費の増大のなかでは、更新財源が確保できないという状況は、ほとんどすべての自治体に共通である。そして、その対応の基本的方向は「施設総面積の縮減」であることも共通している。「縮減」のためには、既存施設の「統廃合」しか方法がないことは容易に理解できる。しかし、既存施設には、すでに利用者が存在している。個々の利用者にとっては、自分の利用している施設がなくなるか、あるいは、「統合」という形態で、現在利用している施設に、他の施設機能と利用者が持ち込まれることになるので、抵抗感をもつのは自然である。つまり、「各論」と

して、統廃合の対象にして欲しくないという「素直な」気持ちを持つことになる。

　また、施設の管理運営担当部署の職員にとっても、統廃合に関わる新たな仕事が増えることになり、利用者との調整の矢面に立つことになるので、「少しでも時期を遅らせて、先送りにしたい」と思うのは自然であり、積極的に推進することに意欲をもつ職員は「例外的」な存在という状況にある。

　つまり、施設の利用者にとっても、その施設を管理運営する担当者にとっても、施設規模の縮減という「総論」は理解しつつも、「各論消極」という心理状況では共通している。しかし、全ての施設を残すことは財政破綻につながるので、「総論」の「公共施設等総合管理計画」策定の議論には参加し、数十年スパンの長期計画策定には、表面的には協力することになる。

　当然のことながら、数十年の長期計画だけでは具体的な計画推進の手順が見えないので、5年から10年程度の中期計画を長期計画とセットで策定することになる。ところが、この中期計画では、具体的な統廃合の計画年度目標を確定せざるを得ないが、担当部局としては実施年度を確定するためには、住民や庁内との合意形成というやっかいな調整作業があるので、「10年のどこかで」という程度の曖昧な時間設定を望むことになる。そして、中期計画として、対象施設とすることに同意しつつも、統廃合の時期については、人事異動で後任に引継ぐ可能性も含めて少なくとも3年以上は先になるような「妥協」が成立する場合が多い。

　このような、計画策定の経緯が一般的なので、5年ないし10年の中期計画期間には、数十という施設がリストアップされ、想定される縮減目標面積が示されるものの、年度ごとの具体的な統廃合の計画として、施設名称や縮減面積量が計画年度ごとに明記されることは少ない。これが、一般的な「公共施設再配置計画」の姿である。

●計画策定担当と施設管理担当との温度差

　これまで、人口数万から10万人程度の10を超える自治体の計画策定に関与してきた経験では、40年程度の長期的施設総面積の圧縮計画がまず策定され、平均的には総面積の３割ほどの削減目標が設定され、次に、それを実施する５年ないし、10年の「実施計画（アクションプラン）」で、10から20程度の施設がリストアップされるのが通例である。計画策定の手順という観点からは、これまでの行政計画として「常識的」なのであるが、ここに大きな壁が立ちはだかることになる。

　それは、計画策定担当者と施設管理担当者との「温度差」である。多くの自治体が策定している、いわゆる「総合計画」は自治体における政策の実現として、さまざまな施策分野における事業の集大成となっていることに、誰も疑問をはさまない。しかし、「公共施設等総合管理計画」を同じように、公共施設マネジメント計画の集大成と理解すると、大きな齟齬が生じる。

　一般的な「総合計画」は、第１章３節でも述べたように、自治体における全部局が、それぞれ担当すべき政策・施策分野において、今後10年から20年程度の長期的スパンを見通して必要な事業を「拡充」という観点から検討し、具体化する手順を示した計画となっている。計画策定の過程でも、それぞれの部局が、必要と思われる事業を企画し、総合計画策定担当部局（者）が、全庁的な整合性と財政的な裏付けを考慮して、全体計画としてまとめあげることになる。事業担当部局は、自分たちの検討・企画した事業を実現しようとする意欲を持ち、それを計画策定担当者に説明し、説得して、計画に盛り込むように努力をする。そして、担当する事業が総合計画として反映されれば、それを実践するために積極的に予算要求を行い実施体制も整えることになる。

　ところが、「公共施設等総合管理計画」は、その策定過程において、計画策定担当は、財政破綻を招かないようにするために、施設総

面積の圧縮という課題実現に向けて、施設管理運営担当部局に対して統廃合などの実施を迫り、説得して、計画に盛り込むことになる。計画策定担当は、自らの「ミッション」達成のために積極的でも、施設管理運営担当は、既存施設の利用者への対応を念頭に消極的という姿勢の違いが生じることになる。したがって、計画が策定された時点でも、施設管理運営担当者が積極的に予算要求や実施体制を整備する行動に出ることは期待できない。

●現場担当職員とトップ・中間管理職との「温度差」

　計画策定担当と施設管理運営担当との「コンフリクト」だけではない。計画策定担当の幹部（部長クラス）は、首長に対して、施設統廃合の具体的計画を示す必要があるので、40年ほどの長期的なビジョン（財政破綻を招かないための数値目標）と、当面の５年から10年の実施計画（施設名と削減面積の目安）を示さざるを得ない。したがって、部下である計画策定担当者に、数値目標や施設名を明記するように要請するが、担当者は施設管理運営担当部局との板挟みになってしまう。何とかその要請に応えられるように努力をするが、積極性と消極性との壁を突破するまでの道筋を描くことは難しい。結果的に、統廃合の候補となる数多くの施設リストを、実施優先順位を明記できずに、計画としてまとめ上げることになる。しかも、ほとんどの場合、総合管理計画策定や施設再編整備の担当には２、３名程度の職員配置がなされている状況である。したがって、10も20もの施設の統廃合をそれぞれの管理運営担当部署と折衝し、具体的な事業として推進するだけの経験も時間も、圧倒的に足りないのが現状である。

　経費削減、人員削減の流れの中では、総合管理計画の実践のための職員を増員することは非常に困難な課題であるし、ほとんどの部局に関連する全庁的な課題であるので、職員数を増やしても、統廃合を迫る職員と、それに消極的に対応する施設運営管理担当とのコンフリク

トが多くなるだけで、計画実践がスムースに進む保証はない。施設運営管理担当が、自らの課題として積極的に対応するような環境整備を行わない限り「船頭多くして船山に上る」状態になることは明白である。

では、どのような対応が考えられるのか。

●「計画」に当面の実施計画をビルトインする工夫

計画と実践をシームレスにつなぐ方策として考えたのは「モデル事業」の設定であった。

鹿児島県出水市で、「公共施設適正配置計画」の策定の依頼を受けたときに、条件として、2、3の「モデル事業」を計画本文の中に組み込むことを提示した。精緻な計画を策定しても、「拡充」を基本とする計画に慣れ親しんだ日本の現状では、「縮小」ないしは「縮充」は「未知の領域」である。実現可能性の高い事業の実践に注力し、少しでも前進できる経験を積みながら対応するしかないことを理解していただき、その可能性の高い事業を「モデル事業」として、実施年度を明記することを提案したのである。

図表2-1：計画の構成図

第1期 (2015-2024)	第2期 (2025-2034)	第3期 (2035-2044)	第4期 (2045-2054)
基本方針：①～④　削減目標：総床面積　40％削減			
総床面積 20％削減	総床面積 20％削減		
第1期計画	第2期計画	第3期計画	第4期計画

出所：出水市「出水市公共施設適正配置計画」（平成27年9月）P34

その結果は、図表２－１（計画の構成図）、図表２－２（第１期計画）のように、「基本方針で設定した削減目標値『今後10年間で公共施設の総床面積を20％削減する。最終的に、今後40年間で公共施設の総床面積を40％削減する。』に向け、今後10年間の計画を定めます。本計画の実行性を高めるため、今後推進していくマネジメント事業を先導する、象徴となるような事業を『シンボル事業』として別途設定し、これらシンボル事業については詳細なプランを定めるものとする。また、目標である20％削減に向けた新たな事業については、今後策定予定の『公共施設保全計画』において、各施設の重要度や劣化状況等を踏まえて対象施設を決定していくものとする。計画の進捗確認および検証は毎年実施するものとし、最終年度には、第１期計画の進捗および検証結果を踏まえて第２期計画の策定を行います。」（「出

図表２－２：第１期計画

2015 H27	2016 H28	2017 H29	2018 H30	2019 H31	2020 H32	2021 H33	2022 H34	2023 H35	2024 H36
公共施設適正配置計画　基本方針：①～④　第１期削減目標：総床面積20％削減									
３シンボル事業の推進（３～４％削減）①支所庁舎周辺施設統合事業　②保健センターの機能拡充　③職業訓練施設の機能移転									
公共施設保全計画策定	施設の重要度・劣化状況等から、対象施設を決定⇒新たな事業の推進（16～17％削減）								
	建物、部位、設備ごとのマネジメント　適切な予防保全による維持管理・コスト削減								
計画の進捗確認・検証									第２期計画策定

出所：出水市「出水市公共施設適正配置計画」（平成27年９月）P 37

水市公共施設適正配置計画」(平成27年9月) P37) という計画として策定することとなった。

　このように、当面取り組むべき統廃合のプランを「シンボル事業」として明記したことによって、次のような効果を生むこととなった。

　第一に、保健センターの集約・拡充に伴い、現在、保健センターの2階部分にある「働く婦人の家」を廃止して、その機能を近隣施設に分散することを打ち出した。そのため、パブリックコメントを実施した際に、現在の利用者から「廃止は反対」との声が16件寄せられた。しかし、公共施設全体の縮減がないと財政的に破綻することと、現在の機能は近隣施設でも利用可能という回答を行うことによって、「総論」と「各論」の課題を利用者にも理解していただいたこと。

　第二に、支所周辺施設の統合事業については、総面積の約6割を削減しつつも、現在の70％程度は未利用な支所（合併前の旧町役場）と小規模に分散した図書館分館、公民館、老人福祉センターなどの機能を統合することで、あらたな地域交流拠点が整備されるという展望が示されたこと。総面積を圧縮した統合施設の設計に対しては、それぞれの施設を縮小して「詰め込む」という発想ではなく、それぞれの機能を軸に、多目的スペースと効果的な備品の配置で、一体的な設計とする方向も議論された。

　第三に、計画策定で「一段落」ということではなく、シームレスに、限定された統廃合の実践課題に、少ない担当者が期限を設定して集中的に取り組みを開始できること。

　第四に、すべての公共施設の統廃合への基本方針を示しつつも、シンボル事業の推移を考慮しながら、第2期以後の計画を検討する姿勢を明確に示したこと。

● 「厳しい課題設定」によって、庁内と市民に緊張感が生まれる

　出水市の事例は、一つでも既存施設の廃止を打ち出すことによって、庁内にも市民にも、公共施設マネジメントが具体的に進むときのイメージが明確になり、一定の緊張感を生み出したともいえる。「働く婦人の家」の廃止は、この施設を拠点にしていた市民グループにとっては、大きな課題として認識され、利用者はそれぞれの反対意見をパブリックコメントに寄せることとなった。行政機関からの回答によって、施設機能の廃止は、決して、一部の「市民いじめ」でもなく、全市的な課題解決への方策であることと、廃止反対は、全市民の声とはならないこと、今後は、どの施設も縮小統廃合の方向にあることなどが、行政手続の一環であるパブリックコメントで示された。このように一定の緊張感をともなう手続きという展開となり、職員にも市民にも共通認識の基盤ができたことは、大きな価値があったと考えられる。

　初めての縮減の課題に取り組みながらも、2、3名の職員配置しかなされていない多くの自治体の現状では、職員の経験が非常に大きな財産となる。シンボル事業という課題に集中して、具体的なプラン作成と推進、市民との合意形成を進めるという経験をもつことは、次の課題に向けても大きな価値を持つであろう。

　先進自治体といわれている、神奈川県秦野市や千葉県流山市でも、現実的に面積的に余裕のある市庁舎の駐車場にコンビニエンスストアを誘致して、利便性向上とともに賃借料収入を得たり、数十の施設の保守点検管理業務を包括的に一元化することにより、安全確保と経費削減に繋げたりと、できるところから始めている。

　正面から、全施設を対象とした「総合管理計画」は、従来の総合計画と違って、計画策定後に、事業担当部局が積極的に予算要求をする積極的な姿勢を期待することはできないので、「できるところから実践し、経験を積む」ことが「王道」となるのではないか。

2 「白書・計画」では実践は進まない

●「白書」から始まった、公共施設マネジメント

　これまでの数年間の取り組みを振り返ると、当初、公共施設マネジメントの第一歩は、「白書」作成というパターンであった。縦割りの組織ごとに整備されてきた公共施設なので、全体像を把握することからはじめなければならないからだ。しかし、白書作成以後に、具体的なマネジメント実践に結びついている自治体は意外に少ない。白書作成はマネジメントを進めるための必要条件ではあるが、十分条件ではないという状況にある。

　全国の自治体で、最初にまとまった内容で白書作成に取り組んだのは、神奈川県藤沢市で、平成17（2005）年度に完成・公表された。このインパクトは大きかった。すべての施設を、学校や公民館、保育所などのカテゴリー別に規模や建築後の年数、施設内容、稼働率などの利用状況、コストなどを明らかにするとともに、地区別にそれらの施設を地図にプロットして「コンビニよりも多くの公共施設」が立地されている実態が明らかになったからである。そして、これらの施設の多くが昭和40年から50年代の人口増の時期に集中的に整備され、一斉に老朽化してきたことも示された。

　これらの公共施設を更新するためには、総面積に標準建築単価を掛けると、これまでの年間の公共投資予算をはるかに上回る経費がかかり、全施設をそのまま更新することは不可能であることも明らかになった。

　藤沢市の白書作成の取り組みは、千葉県習志野市など、他の自治体に

おける同様の白書作成に結びついていった。数自治体での白書を比較してみると、ほとんど同様の課題とその対応策の方向性が示されることになった。その意味で、白書作成の価値は大きかったといえよう。その論点は次の点に集約される。

* 昭和40年、50年代の人口急増期に整備され、「新耐震」基準に適合しない施設(1981年以前の基準)が全体の約半数近くに及ぶこと。
* 公共施設全体の面積のおおよそ半分が、小中学校であること。
* 公民館やコミュニティハウスなどは、地域住民の自主活動への「貸館機能」が中心で、自主事業の割合は低いこと。
* 貸館機能の稼働率は3、4割程度であり、利用料金も安価で減免制度もあることから、実態として水道光熱費の負担にも足りない事例が多いこと。
* 公会堂や音楽ホールなどは、自治体の人口規模に対して過大であることが多く、席数の稼働率は半分以下の利用が多いこと。
* 老朽化した既存の住民利用施設をそのまま更新(建て替え)することは、財政状況からは全く不可能で、3割以上の面積削減を検討する必要があり、その一つの方策として、総面積の半数をしめる学校施設の用途転換や合築で対応する手法が合理的であること。

● 「固定資産台帳」を活用する必要性

やがて、白書の作成が出発点として意識されるようになるが、次の段階として、すでに白書を作成した自治体の事例から、固定資産台帳の作成を先行させるべき、という流れが見えてきた。

なぜならば、白書は、ある時点の公共施設やインフラの実態を明らかにするためのものであり、利用実態を説明し、機能統合や施設統合の合意形成に数年かけている間に、作成した時点のデータが変化する可能性が高いからである。

はじめに、固定資産台帳を整備すれば、土地価格や減価償却のデータを更新することで、常に最新の資産価値情報を手もとに置くことが可能となり、予算配分の優先度も含めたマネジメントプランを検討することができる。

　そして、全庁的な固定資産台帳を、デジタル化し、一元化することで、「白書」の作成もスムースにすすむことになる。施設の資産価値を明確にすることで、白書の実態把握を加えて、施設によるサービスのコスト意識も高まり、マネジメントプランの作成にも効果的となる可能性が高い。

●トップのリーダーシップを制度化する

　白書と公会計の結合を図りながら、どのように、公共施設マネジメントを具体的にすすめるのか。20年以上、基礎自治体の職員として勤務した経験からは、役所の縦割り体質を超えることは非常に難しいと痛感している。投資家から資金を集めて事業を興し、さまざまな商品を創り出して、それを販売する「企業」と違って、公権力によって徴収した税金を、行政サービスとして必要な事業に配分する「行政」は、その配分機能によって、どうしても縦割りの組織と資金（予算）を前提とする。

　自治体において、この縦割りの事業実施構造を、「縮小の時代」に対応して分野・組織横断的に効率性を高めるには、トップ（首長）のリーダーシップを発揮することしか方法はない。それは、自治体は「大統領制」のもとで、首長が縦割りを超える唯一の存在であり、意思決定手段として予算案策定と職員人事の権限を持っているからである。これは、首相が府省庁を直接に指揮命令できない議院内閣制のもとでの国の制度下では、なかなかできない権限行使である。

　このリーダーシップを発揮する手法として、効果的だと考えられるのが「対策本部」の設置である。

これまでも「行政改革推進本部」、「緊急雇用対策本部」などのように、自治体が重点的な課題に対して、市長や副市長を本部長として、企画、財政、総務のような「官房系」部局長と、関連する「事業系」部局長を構成メンバーとして、集中的に取り組みを検討する会議を開催することは一般的な手法として試みられてきた。

　しかし、このような「本部」が十分に機能している事例はなかなか見当たらない。なぜならば、重点課題に対して、首長と幹部職員が一堂に会して方針を決定し、進捗状況を確認するという形態をとっているのであるが、多くの場合は、その場で明確な具体的目標や予算配分の優先度を決定することをしないからだ。事務局の担当者が、各部局の関連事業や対応策を事前に、個別にヒアリングを行い、状況を報告し、方向を示す段階にとどまるからである。本部会議の中で、侃々諤々の議論が行われ、対応策についてその重要性に関する優先度（予算や組織改編など）をその場で決定するようなことは行われることは少ない。むしろ、事務局の報告に対して、若干の質疑応答や議論が行われ、予算査定は財政担当部局の権限のままで、当面の対応に取り組むことになる。この本部会議の事務局を担当する職員にとっては、本部会議で「平場での」議論が活発に行われるような状況では、ヒアリングによる状況把握と対応策の検討におけるとりまとめの不備が指摘されるという「本末転倒」な事態もありうるのである。

　しかしながら、このように、実質的に機能しないことの多い「本部体制」を、重点政策における事業に対する予算配分の優先順位決定にまで活用した事例がある。

　バブル経済の絶頂期にあった1980年代末に、横浜市では、冷静に来たるべき高齢化社会への対応を検討し始め、1990年代に入って、バブル経済の崩壊とともに、日本の経済社会の構造を大きく変えることになる高齢化の進展に対応する政策の検討のために、当時の企画財政局に「高齢化社会対策室」を設置した。この室では、高齢化社会の到来

で、市政におけるどのような政策課題が生じるのかを、部局横断的に検討を行い、実際の対策事業に対しての調整機能を発揮することを目指したのである。

この高齢化対策室が所管した「高齢化社会対策本部」は市長を本部長として、横浜市でも初めての取り組みとして、高齢化社会対策に関連した各部局の事業を洗い出し、この分野における予算配分の「実施優先順位」を決定する権限を持たせることにしたのである。個々の事業の予算査定権限は財政担当部局に委ねつつも、事業の優先順位とおおよその予算必要額を決定する権限を高齢化対策室の事務作業を基礎に、市長をトップとする高齢化社会対策本部で決定するという手法である。このような権限を付与することで、横浜市として、高齢化社会に対する政策・施策展開が市長のリーダーシップで明確に示され、方向を決定することになった。

予算編成は、通常は財政担当部局が各部局の要求に沿って、ヒアリングをして査定しながら、市長の最終判断を仰ぐ形態をとる。各部局としては、予算査定権限をもつ財政担当部局には、より多くの予算を獲得するために十分な資料と説明で臨む。この予算編成の基本的方向（優先順位）を決定する「事業本部」が存在すれば、関連部局の資料と説明は、当然のことながら、その事業本部を所管する担当部局に集中する。したがって、事業本部の事務担当部局は、特定の分野に対して庁内でも組織横断的に、十分な情報を集め、総合的な方針を立てることができることになる。その方針を関連部局の幹部を含めた本部会議で、首長の決定事項とするので、庁内の合意形成を迅速に行うことができるのである。もちろん、予算全体の整合性や、特定分野におけるおおよその予算枠設定は財政担当部局の権限としている。

残念ながら、このような事業本部設置手法は、予算査定権限をもつ財政担当部局にとっては、権限を侵されるような印象を与えることもあって、なかなか採用されない状況にある。しかし、公共施設マネジ

メントのような全庁的な喫緊の課題であり、まず庁内の合意形成を行った後に、住民や関係団体との合意形成に係らなければならない課題には、ぜひとも採用すべき手法である。

●マネジメントの体系を常に念頭におく

　実態把握は、「白書」の作成から始まるものの、その目的は、大規模修繕や更新が必要となった多くの公共施設の統廃合（面積の縮小などによる更新財源の確保）にあることは、常に意識しなければならない。それを怠ると、「白書」作成や「計画」策定が自己目的化してしまう危険性は常に存在しているからである。

　図表2-3は、公共施設マネジメントをすすめるための体系を表現したものである。

　まず、正確なデータを把握することから始まるが、必要なのは、財政の中期的見通しにおいて、公共施設の更新が今後の財政破綻にも通じるほどの深刻な側面を持っていることを確認することである。そして、固定資産台帳の整備によって、老朽化度合いを正確に把握するとともに、「白書」で配置と利用の実態を分かりやすく示すことになる。次は、首長を本部長とする「公共施設・インフラ対策本部」を立ち上げることである。前述のように、この本部には多くの人員を配置する必要はないが、少なくとも、本部会議の本部長（議長）が、適宜、意思決定を行える体制を整備する体制が必要である。

　体制を整備すれば、「計画」の策定と実施になるが、その対応メニューは、施設総面積の圧縮がメインメニューであることは明白である。しかし、あくまでも「財源確保」が課題となっているので、その財源を生み出すための指定管理者制度の適用など、効果的・効率的な管理運営で経費の削減を図ること、受益の偏在を前提に適正な受益者負担を設定すること、統廃合に伴う遊休化した資産の売却や貸付で資金を確保することも、同時に検討することになる。インフラの更新へ

の対応は、多くの場合、一自治体では対応できないことが多いので（施設設備が広域的な利用を想定していることと、保守点検・維持管理を担う土木系、電気機械系の職員が少ない現状にあるため）、近隣自治体や都道府県との連携が必要となる。

そして、統廃合には様々な手法が検討できることと、既存の利用者との利害調整によって計画通りには進まない可能性があるので、常にＰＤＡサイクルによって、検証を行うことになる。

このような体系を、念頭において、取り組みを進める必要がある。

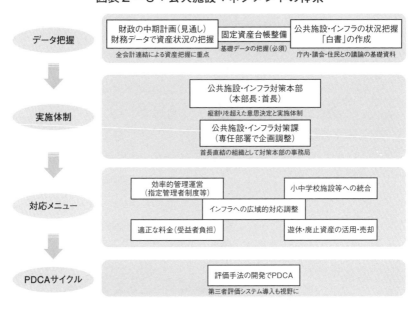

図表２－３：公共施設マネジメントの体系

第3章

公共施設マネジメントを事例から学ぶ

第1章と第2章では、公共施設マネジメントの基本的な取り組みの方向を論じたので、本章では、具体的な自治体における取り組み実践の事例とその論点を紹介する。ただし、紹介する事例については、取材・調査を行った時点から、2、3年を経過したものもあるので、現時点では状況が変わっている可能性が高い。しかし、それぞれの事例は、「論点」に述べるように、公共施設マネジメントを進める上での本質的で重要な取り組みの方向を示しているので、実践においては、大きな参考になることは確実である。

1　可能な資産活用からはじめるリアリズムとロマン

論点　公共施設マネジメントをすすめる際に、ほとんどの自治体が最初に着手するのは、状況把握のための「白書」の作成であり、次に白書で明らかになった公共施設の更新の課題と財政状況の見通しから、施設総面積を削減する「再配置計画」を策定するのが通例である。しかし、序章でも述べたように、状況把握から計画策定、そして実践という手順は、公共施設マネジメントにおいてはスムースには進まないのが現状である。神奈川県秦野市の事例は、白書から計画という手順を踏みながらも、具体的な目標設定を重点にしつつ、一方で、できるところからの実践（財源の確保）を重視しているところに、「全国での先進事例」という地位の源泉がある。実践がなければ、計画策定だけでは何の価値もないことを認識すべきである。

●全国から視察、講演依頼が殺到した秦野市の取り組み

　神奈川県秦野市で、市役所のホームページから「公共施設の再配置」のバナーをクリックすると、「公共施設更新問題への取り組みを応援します」のページ紹介と公共施設白書および公共施設再配置計画書の購入案内ページが現れる。そして、「応援します」のページには、視察と講演依頼の受け入れに関する案内があり、月別のカレンダーに視察と講演の実績と予定が記入されている。年間に視察が80件、講演（出張）が30件ほどとのことで、土日休日を除けば、4割以上の日程が視察と講演への対応に費やされていることになる。

　ここまで、全国自治体の公共施設再編問題に「奉仕」する理由は次のとおりである。それは、ほとんどの自治体に共通しているこの課題の解決に向けて、「仲間」を増やして、経験を積み重ねてより良いプランニングに結び付けることが第一である。それとともに、全国的に「秦野方式」を情報発信することで、秦野市民、議会、そして役所内部に、公共施設の総面積の縮減は自治体の果たすべき「義務」であり、秦野市の取り組みは全国の「最先端」であり、対応プロジェクトの実現が早ければ早いほど将来の負担が少なくなることを示すこともある。さらに、全国的に注目されることは、市民にとっても、その地域に暮らしていることに誇りを持つことができ、コミュニティに対する信頼感を持つことができるという「副産物」が生み出される大きな効果もある。

●数字で危機を示す「特別付録」

　秦野市の取り組みが注目されているのは、公共施設マネジメントが具体的な事業として実施されていることにある。単なる「計画」ではなく、「実践」に結びついている理由は二つある。それは、実態を数字とグラフで誰にでもわかるように説明していることと、「シンボル事業」という分かりやすいプロジェクトを示していることである。

他自治体への講演や視察に対しては、60ページ以上のパワーポイントの資料で説明を行っているが、出色なのは、「特別付録」として、講演を行う、あるいは視察に来た自治体の公共施設に関するデータを総務省の公表資料を基に、「勝手に」秦野市の実態と比較した資料を用意していることである。
　担当している政策部公共施設再配置推進課の志村課長によれば、「事務職ですが、理系出身なので数字には抵抗もなく、むしろ、データ作成には慣れている。他自治体の実態も志村式計算法で、大変な実態にあることを理解してもらっている」とのことである。
　通常の視察は、視察先の取り組みをヒアリングし、事例を「見る」ことにあるので、自分たちの自治体の実態を細かく分析して、その比較のなかで、課題を明確にするという取り組みはあまりなされていないのが実情である。そのために、秦野市に視察に訪れて説明を聞くと、自分の自治体に迫る危機を示されて愕然とするのである。しかも、公共施設面積をどれくらい縮減しなければならないのかという目標数字まで示されてしまうのである。
　志村氏が割り出した公共施設総面積の必要削減率を基本に、全国の1,699自治体（政令市と特別区を除く基礎自治体）の人口と可住地人口密度、及び住民一人当たり「ハコ面積」の相関を表す散布図から得られる近似曲線から、当該自治体がどの程度、公共施設総面積を削減する必要があるのかの数字を割り出した目標数字がある。
　この志村氏による数字は、「週刊ダイヤモンド」（2013年3月2日号）の特集でも、全国704市区の想定削減率順位の一覧として、掲載されている。この一覧表によれば、平均で30〜40％、最低でも20％以上、最高は90％以上の総面積の削減が必要という結果が示されている。簡易な計算式を使っているので、必ずしも正確な削減率とは言えないが、経験的に目安とされている「平均的には30％程度」といわれる数値に一致し、「当たらずとも遠からず」の数字となっている。

全体としては、平成大合併を経た自治体で、旧市町村の地区ごとにそれぞれ庁舎、公民館、文化会館、図書館、公会堂、体育館などを「合併特例債」を財源に建設したために、一人当たりの公共施設面積が広くなり、その分、毎年の管理運営経費がかさむとともに、30年後には修繕・更新費でさらに財政が圧迫されるという傾向がうかがえるという。その結果、スケールメリットを目的とした合併効果が「消し飛ぶ」と警告を発している。
　このような事実を突きつけられて、議会と理事者、さらには住民が一体となって、公共施設総面積の削減に臨めるのかどうかが問われることになる。
　ただし、志村氏は、単純に危機感をあおるだけではない。

●基本方針を明確にして、具体的にすすめる

　まず、自分の自治体の状況を正確に把握するための「白書」の作成が必要なことを述べる。しかし、白書は目的ではなく、手段であることを明確に示している。白書の役割については、ストック、コスト、利用状況によって現状と課題を明確にし、そのデータを基に全庁的な共通認識を形成し、市民との議論、市民同士の議論の材料とするプロセスを通じて、公共施設更新問題への対応を行うことに「市民権」を得る、という考え方を示す。
　そして、白書は過程の一つなので、作成したら「すぐに、次のステップに進む必要がある」と主張する。
　秦野市では、白書によって示された事実を重く受けとめて、直ちに公共施設マネジメントに関する厳しい方針を立てることとなった。白書で明らかになったのは、①学校を中心に生涯学習関連を含めた教育関連施設が全体面積の約8割であること、②施設利用サービスのコストが大きく、使用料で管理コストが賄えるのは極めて一部で、公設公営である必要性も薄いこと、③利用者は固定化していて、税負担の不

公平が大きいこと、④施設利用の稼働率は一見高く見えるが、利用面積や時間帯の分割を検討すれば、まだまだ利用密度を高める余地があること、であった。

　この実情を踏まえた公共施設再編成の基本方針は、①新規建設は行わない、②現行施設の更新は機能を維持しながら大幅圧縮、③優先度が低いものは全て統廃合の対象とし、ハコモノは一元的マネジメントを行うこと、であった。なかでも、新規建設がどうしても必要な場合は、更新予定施設の面積を新規建設と同面積だけ取りやめるというような厳しい「縛り」であった。

　基本方針を踏まえた2番目の方針は、施設更新の優先度を明確にしたことである。最優先は義務教育、子育て支援、行政事務スペース（庁舎ではなく、スペース）とし、次の優先は、財源の裏付けを前提としてアンケートなどの客観的評価で決定し、その他は「優先度が低い施設」として、全てを統廃合の対象として、その跡地は賃貸、売却によって優先施設の更新財源に充当するという方針となった。

　3番目の方針は数値目標を明確にすることであった。今後40年間に、更新対象施設面積の31％を削減し、約350億円の財源不足を解消するというものである。この目標では、最初の10年はわずか0.6％の削減で済むという「余裕」があるが、これは、直ちに取り組みを開始したからである。施設の老朽化は毎年確実に増えていくために、取り組みが遅れれば遅れるほど、当初からの削減目標値は大きくなって困難が増し、目標が達成できずに、さらに大きな目標を達成しなければならなくなり、結果的に達成不能となって、財政破綻が確実になっていく、という状況を正確に理解していたことにほかならない。

　そして、4番目に再配置の視点を提起する。それは、

① 「備えあれば憂いなし」で、施設と機能を分離した視点で施設配置をすすめる

② 「三人寄れば文殊の知恵」で、市民と地域の力による再配置を

すすめる
③ 「三方一両得」で、多機能化によるサービス向上と戦略的経営
　　をすすめる
④ 「無い袖は振れぬ」で、効率的・効果的な管理運営をすすめる
⑤ 「転ばぬ先の杖」で、計画的な施設配置をすすめる

というものである。ここには、削減というマイナスイメージを、機能を重視し多機能化と効率化で、少しでもプラスの方向にすすめるという決意が見られる。

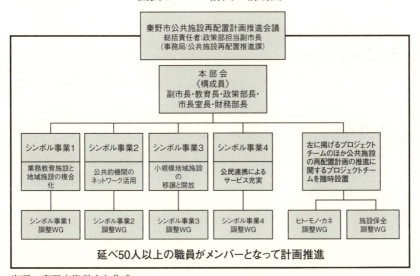

図表3－1：計画の構成図

出所：秦野市資料より作成

　このような、確固たる方針に至ったのは、当初の対応方針が「失敗に終わった」ことからの学習効果であるという。まず、多くの公共施設が一斉に老朽化し、更新費用が調達できないことに対して、長寿命化による長期修繕計画をすすめれば、修繕費の長期平準化で施設総量

を減らさないでも対応できると考えたのであった。しかし、公共施設のライフサイクルコストを分析してみると、ランニングコストが大半であり、施設総量を維持したままでは、長寿命化でも多くの財源が必要となることが判明した。

　総量の圧縮をしなければならないことになったが、次の失敗は、施設評価を行い優先順位の低い施設から廃止しようと試みたことであった。

　それぞれの施設には利用者がいるので、誰もが納得する評価基準の設定は不可能であり、「声の大きな利用者の勝ち」となってしまう可能性があった。これでは、総量30％の圧縮などは「絵に描いた餅に」になる。

　この「失敗」から導き出されたのは、新規建設は原則としてしない、最優先施設は限定し、他の施設はすべて統廃合の対象として、一元的マネジメントを行うという方針であった。

●「削減でもサービスは低下しない」をシンボル事業で実証

　この方針を明確にし、具体的な再編成のプロジェクトを4つの「シンボル事業」とし、実施していることで、秦野市は全国に先駆けた公共施設マネジメントの推進の実績をつくっている。このシンボル事業は、「より安い税の負担（Money）で、より高いサービス（Value）を実現し、公共施設の再配置は、一概にサービスの低下につながるものではないことを市民にアピールするため、前期実行プランの5年間に重点的に取り組む事業」と位置づけている。

　このシンボル事業で、最初に実現したのは、知的障害者用の施設を公設公営から民設民営の運営形態にしたことであった。公共施設のマネジメントは、施設（ハードウェア）の更新・再配置と受け止められることも多いが、公民連携によって、民間事業者（社会福祉法人）に施設所有・業務を担ってもらうことで、同じサービスを低コストで実

現することも、税金の効率的配分と施設の再配置の原資を生み出すという視点で重要である。

　次に実現したのは、保健福祉センター内に郵便局を誘致し、証明書発行業務などを委託したことである。郵便局にとっても、駐車場があることも幸いして、お客は2、3倍に増えたという効果があった。このような事例は、すぐにマスコミに発表し、タウン紙でも紹介されたことで、まさに「シンボル」としての役割を果たし、他の公共施設再配置にも好影響を与えることになった。シンボル事業としては位置づけていなくとも、市役所の駐車場の一角をコンビニエンスストアに貸す事業も実現した。このコンビニでは、住民票の受け渡し、図書館の図書返却、市の刊行物（特に、公共施設白書と再配置計画書はベストセラーとなっている）の販売に加えて、観光協会推奨の「秦野土産」も販売している。公有地を貸し付けることで、民間事業者も公共的な業務にも協力するという公民連携も実現した。

　このような公共施設再配置計画を担当している志村氏のすぐれている点は、徹底したリアリストであることだ。事実を数字で示し、あるべき方向を明確に示すリアリティはもちろんのこと、市民の心理として、単純な縮減は受け入れが非常に難しい点も十分に認識しているのである。

　数字での説得は理論的にはできても、「不便になるのはいやだ」という心理的な抵抗感を除くことはできない。この心理的な抵抗に対して、志村氏が用意するのは、我慢できる程度の小さな「譲歩」をみんなで分け合う（我慢する）とともに、施設統合については、機能を強化し、以前よりも「便利」で「快適」になることを目指すのである。つまり、少々の我慢の集約によって、機能強化（新しい価値）がもたらされるという企画（説得）である。これを声高に主張するのではなく、客観的な数字で「淡々と」説明する。

●リアリストでありロマンチストである職員がまちを支える

　総面積の約30％を削減するというのは、簡単に実現できるものではない。実現するための姿勢を明確にしなければ、どうしても、「現状維持」、あるいは「増床」の圧力が高まることは明白である。例えば、高齢化の進展による福祉関連施設はどうしても増える傾向にあるし、少子化の対策としての保育所なども増えることはあっても、減るという選択肢はないので、市民が日常的に利用する施設を何らかの方法で圧縮を図らざるを得ない。

　そして、この再配置計画を説得するのに、最も困難なのは、市民よりも、実は市役所職員であることも忘れてはならない。公務員であることの使命感は、縦割り構造の市役所の組織の中では、一方で、強固な施設主義に陥る傾向にある。かつて、成長型経済の中で、長い間、機能と施設が一体化してきたために、国の補助体系も含めて縦割り的発想から抜け出し、機能を中心に考えて、その機能を実現するためには、どの施設でどの事業主体が行っても良い、というように発想転換をするのは難しい。さすがの志村氏も、「抵抗が大きいのは役所内部で、動かないときは、人事異動を待つしかないこともある」と、時間の経過に期待することもあるという。

　それでも、「公共施設再配置の目標は、実は、どの小学校も廃校にしないことにあるのです。少子化の中で、現在の施設配置と老朽化への取り組みを怠れば、小学校すら統廃合も考えなければならない。でも、公共施設の再配置で施設更新の原資を産みだし、市街化調整区域内の開発も規制緩和することによる人口流入策と合わせれば、現在の小学校区は当分維持することができるのです。」と、秦野市の将来像を語る。リアリストであり、しかし、ロマンチストでもある職員が地域社会の将来を支えるという姿である。

2 即効的な財源確保となる包括保守点検管理というイノベーション

論点　真剣に公共施設マネジメントに取り組む姿勢があるならば、もっとも合理的で、半年から1年の準備で実施でき、財源を確保し、縦割り意識を変える契機になる手法が、数十の施設における点検業務の包括委託である。一人の公務員の課題意識から生まれたこの手法は、現在では多くの自治体の注目を集め始めており、数年後には「定番」のメニューになろうとしている。施設の安全管理と業務効率化、経費削減を実現できる、この手法のたった一つの壁は、従来型の「縦割り発想」のみである。

●約200件の法定点検業務契約を一本化し経費を2割削減

　公共施設マネジメントは、白書作成や再配置計画の作成が注目されて、施設数や施設総面積の圧縮が課題とされている。しかし、そもそも、老朽化した施設の更新財源が確保できているのであれば、このようなマネジメントに取り組む必要性は、それほど注目される課題ではない。もちろん、財源が確保されていたとしても、人口減少傾向のなかでは、合理的・効果的な公共施設配置は大きな課題であるが、現在のように緊急課題として認識されてきた主たる要因は財源不足にある。

　財源不足がマネジメントを進める主要因であれば、それを解決する主要なメニューは、施設総面積の圧縮となり、そのために施設の半数を占める学校施設に公共施設機能を組み込むことになる。しかし、財源確保が目的なので、既存施設の管理運営費の削減、施設使用料収入

の増加策、遊休資産の売却など、さまざまな方策を組み合わせることもメニューに加える必要がある。公共施設マネジメントと聞くと、ハードウェアとしての施設の再編成をイメージすることが多いが、財源確保も含めた自治体経営全般の課題に留意することも重要である。したがって、従来型マネジメントを再検討する多様なイノベーションが誕生する可能性があることにも注目する必要がある。

　さまざまな施設の管理運営に関して、個別施設の点検、維持管理などの経費は「経常経費」として、前年対比で５％、10％というように、一定の割合を強制的に削減されているのが近年の一般的財政運営の傾向である。たとえ10％削減でも、６年続ければほぼ半減してしまうことになる。財政状況が厳しくなった平成３年以降の「失われた20年」の間にこのような削減手法が繰り返されてきた。したがって、これ以上削減の余地はない、むしろ保守点検、特に安全確保に「手抜き」が生じているのではないか、と心配しているのが各施設の現場における管理担当者の思いではないだろうか。

　このように「限界に達した」経常経費の削減を、さらに大幅に実現した事例がある。それは、香川県まんのう町における町内65施設の保守点検業務契約を一本化したことによる削減効果である。契約の一本化によって、総経費の２割の削減が実現したのである。この２割の経費削減は、前年までの契約金額総額の２割であって、これらの業務の契約に要する職員や業者の契約に関する事務コストについて人件費を含むフルコストで計算すれば、さらに大きな経費圧縮になったことは確実である。

　自治体においては縦割りの行政組織ごとに所管されている施設に対して、維持管理経費が予算として配分されているので、同種の契約業務が個別に入札され契約締結されている。これを一本化することによって、相当の経費削減に結びつくと同時に、後述のように、その契約方式によって、公民連携による的確なリスク（責任）分担も実現し

たのである。

他の自治体にも、応用可能性が広がる、この画期的なまんのう町の取り組みを紹介することとする。

●技術職がいない町役場での対応

香川県まんのう町は、人口1万9,355人（住民基本台帳人口：平成28年5月1日現在）の小規模自治体であり、職員数は230名ほどであり、小規模自治体に共通した状況として、技術職員が存在していない状況がある。これは、建築、土木等の技術系職員を採用しても、事業計画や設計施工管理などの業務の件数や規模が小さく、正規の職員として雇用しても、フルタイムで業務を行うような業務量が確保できないことによる。

それでも、自治体の業務は、特に施設管理に関しては、同じような仕様、契約形態なので、一般的な事業内容であれば、近隣の自治体の契約関連資料を参考にすることによって、何とか最低限の役務、業務委託を行うことができているのが現状である。

まんのう町では、他の自治体に先駆けて町内全公共施設の保守点検、維持管理業務を包括委託によって、業務の合理化を図ることになった。これは先行事例がないために、一人の職員の熱意から始まったという経緯があった。

まんのう町職員であった天米（あまめ）氏は、平成18年3月、仲多度郡の琴南町、仲南町、満濃町が合併して「まんのう町」となった当日に、当時の上司から香川大学大学院地域マネジメント研究科（MBAコース）への派遣を命じられた。この機会に、天米氏は、大学院で経営学を学びながら、町役場での事務事業評価、行政改革に関して、学んだ理論で専門的に検証を行った。MBA（経営学修士）で、実践的な経営を学ぶことによって、行政機関の縦割り構造による事業実施、施設建設・管理運営の基本的な問題点を客観的に分析することができ

た。組織ミッション（住民サービス）に対して、数多くの類似業務が行われていることが分り、特に、施設や管理運営の統合の方向を模索

図表３－２：維持管理業務の一部の実施対象となる公の施設（施設一覧）

	施設名称	住所	対象業務														
			施設警備	防火設備保守点検	電気保安	空気調和設備保守点検	自動ドア保守点検	昇降機保守点検	防虫駆除	清掃	環境衛生	浄化槽保守点検	設備巡回点検	中央監視装置点検	直流電源装置点検	舞台設備点検	非常用発電機設備点検
1	本庁舎	吉野下430	○	○	○	○	○	○		○		○	○	○			○
2	仲南支所	生間415-1	○	○	○	○				○		○	○	○			
3	琴南支所	造田1974-1	○	○		○				○			○				
4	美合出張所	川東1494-1	○														
5	仲南老人福祉センター	生間415-5		○	○												
6	造田診療所	造田1982-1	○	○		○											
7	美合診療所	川東1493		○		○											
8	造田歯科診療所	造田1974-1		○		○											
9	美合歯科診療所	川東1494-1		○													
10	火葬場	吉野4204-6	○	○	○		○					○					
11	リサイクルステーション	長尾1156-1		○													
12	水道事務所	吉野4300-11		○					○								
13	琴南中学校	中通838		○	○												
15	琴南小学校	造田1984-1		○													
16	長炭小学校	炭所西1431-2		○	○												

出所：「まんのう町立満濃中学校改築・町立体育館等複合施設整備事業」における法定保守点検業務（対象施設・対象業務）一覧より（一部抜粋）

することとなった。

　その結果、中学校の改築に伴い、役所の論理ではなく、住民目線での施設の最大限の活用を考え、学校に必要な図書館と体育館を公共施設として学校と合築し、一体管理運営を目指す方針で、その事業を軸に、町内全施設の保守点検業務も一本化してPFI手法を採用することを企画した。

　天米氏は、PFI手法が生み出されたイギリスの文献を直接翻訳しながら、事業手法としての応用を考え、発注方式も従来の「仕様書発注」から「性能発注」に変える可能性も検討した。

　しかし、「性能発注」を学校、図書館、体育館を一体的に建設するPFIに、いきなり導入するのには十分な知識や経験が必要になるので、町内の公共施設の管理運営で、施設機器の保守点検業務が、類似の業務であることに注目し、この性能発注方式を町内の全施設に適用するという企画にいたったのである（図表3－2参照）。

●性能発注を可能にした「対話方式」

　通常の自治体における業務委託の発注は、自治体側が詳細な仕様を示し、その仕様書によって入札することがほとんどである。この方式だと、仕様書に記載された業務を行うことは当然である。一方で、仕様書での業務内容に過不足があっても、受注業者は仕様書以上の業務を実施することはない。天米氏は、実現しなければならないのは、当該施設を安全で効果的、効率的に管理運営することなので、この目的を「性能」として発注し、詳細な内容は専門事業者からの提案を受ける方式として実施しようと考え、実践したのである。

　ビルメンテナンスに関係する業者に呼びかけ、性能発注による町内の全公共施設の施設保守点検業務を一括発注することを打診した。その結果、2社が応じて、これまでの保守点検業務の過不足を調査し、仕様書と価格を提示した。従来のように、施設別に必要な個別点検業

務ごとの契約を行った場合には、約180本の入札になるものを、一本化することで、3,200万円を要していた経費を2,800万円に、400万円（12.5％）も減額することに成功した。そして、後述のように、約180件ある1契約あたりの事務コスト（人件費で約10万円かかる）を、契約の一本化で、少なくとも1,000万円以上のコスト削減にも結びつくのである。

　この取り組みは、自治体としては、初めてのこの試みだったので、「走りながら考える」という状況だった。当初は、4社が新しい発注方式に興味を示したが、そのうちの2社が実際に65の学校や公共施設を一つ一つ調査することになった。また、1社で全ての業務を実施できないときは、下請けではなく、パートナー契約として別の業者が参加する、点検業務の有資格者（電気工事士、危険物取扱者、消防設備士など）が指示すれば、他の業者に業務をさせても「丸投げ」にはあたらない、などの考え方にいたった。

　このような包括発注を検討するときに、もっとも大きな課題になるのは「地域経済への配慮」（すなわち、地元業者への発注の確保）である。幸いだったのは、初めての試みに際して、包括受注ができる総合型のビルメンテナンス会社が、まんのう町にはなく、町外の会社に包括発注せざるを得なかったことである。町内にあれば、受注できるかどうかが必要以上に注目されることになり、発注が町内業者、町外業者のどちらになっても、さまざまな憶測が流れる可能性がある。町外業者だけであれば、客観的な選定基準によることで、余計な心配をする必要も生じなかったのである。

　このような、発注方式そのものの検討は、庁内で検討するにしても、知識も経験ももっていない職員の間では難しく、庁内外の企業と「対話」を行いながら、客観的で公平、公正な発注方式と評価基準の作成を検討せざるをえなかった。そして、この「対話」の経験の中で、相互の守秘義務を明記する協定を結び、関連情報やノウハウに基

づく性能発注とその評価基準の内容を充実させた。その経験は、後の中学校校舎、図書館、体育館のPFI事業の発注につながったのである。

参考　まんのう町における守秘義務協定書

守秘義務協定書

業者名（以下「甲」という）とまんのう町（以下「乙」という）はまんのう町立満濃中学校改築・町立図書館等複合施設整備事業（以下「本事業」という。）の任意提案に関し競争的対話を実施するに当たり、以下のとおり守秘義務協定を締結する。

第一条（目的）
　本協定は、両者が相互の秘密保持された連携により、乙の課題解決に向けて甲の適切な企画、計画を求め、新しい公共空間の創出に寄与することを目的とする。

第二条（秘密保持）
　甲乙ともに相手方から提供された資料及び情報を秘密とし第三者には一切開示、漏洩、または提供してはならず、また、甲は乙から提供された情報、資料等については、乙へ提案する業務以外に使用してはならない。ただし、以下のいずれかに該当する場合を除く。
1. 本協定締結時に公知である情報、又は情報を受領した当事者の責に帰すべき事由によらずに本協定締結後に公知となった情報を開示する場合。
2. 第三者から適法に入手した情報を開示する場合。ただし、第三者からの情報の入手について守秘義務が課せられていない場合に限る。
3. 本協定締結時に、守秘義務を負うことなく適法に所持していた情報を開示する場合。ただし、本事業に関連して相手方に開示された情報を除く。
4. 法令により開示が義務付けられる場合において、法令上必要である範囲内において開示する場合。
5. その弁護士、公認会計士又は税理士に対して、必要である範囲内において開示する場合。
6. 相手方が書面により承諾した場合。
7. 情報公開条例に基づき開示する場合。

第三条（資料等の管理）
　甲乙ともに競争的対話により知り得た情報については、双方において厳重に管理し、複製等を第三者に貸与、譲渡等してはならない。

第四条（職員）
　甲及び乙は、それぞれの職員をして前２条の義務を遵守させることを約束する。

第五条（疑義の決定）
　本協定に定めのない事項及び本協定に関し疑義が生じた場合は、両者が協議の上、決定する。

●縦割りの弊害を解消することで、コスト削減を生み出す

　まんのう町では、学校を含む全公共施設の保守点検業務を包括発注することで、400万円、12.5％の経費削減を生み出した。しかし、表面的な経費削減額だけにとどまらない。一つの保守点検業務の委託業務発注の過程に係る事務コスト（主として職員の人件費）を考慮すれば、経費削減効果はさらに高くなる。

　一般的な業務委託のコストを考えてみると、予算要求の段階から、見積りを基にした書類作成が必要で、個別施設ごとに、毎年の保守点検業務を受注している業者から見積りを取り寄せる。（郵送ないしは手渡し）、そして、予算要求書、財政の査定を経て予算額が確定するが、予算議決後に発注手続きを行う。これは、発注業務ごとに概要と経費を起案し、決裁を得る。決裁後に調度課や契約課に発注依頼をして、入札公告、入札参加資格審査などを経て、入札を行う。受注業者が決まれば、契約書の締結と業務着手、報告授受、終了後の検査、支払い手続き（起案、決裁）という一連の事務手続きを経ることになる。役所内部はもちろん、受注業者も営業活動、入札参加、経費見積り、応札、契約、事業実施、完了届、支払い請求などの事務作業が必要となる。おそらく、簡単な受発注の事務手続きの作業工数を考慮す

れば、最低でも10万円程度の費用がかかることが予想される。正確な金額計算は、事務行程ごとの時間数と時間当たり人件費を積算しなければならないが、まんのう町の65施設における約180の契約手続きでは、2,000万円程度を見積ることができる。

　それぞれの施設の保守点検業務発注においては、迅速性や移動コストなどの観点から、近隣の業者が点検等の作業を行うことが多いので、包括発注には、「大手に業務をとられてしまう」という危機感が強い。しかし、契約の条件として「近隣に所在している業者への再委託」、「受託実績の考慮」を加えることで、既存の地元業者への再委託を促すことはできる。なんといっても、建築、土木、電機などの技術系職員を十分に雇用できない規模の自治体にあっては、一定規模のビルメンテナンスの企業への包括発注で、専門的な項目のチェックや作業への指示、事務作業の軽減を図ることができることは施設の安全の確保も含めて大きなメリットとなる。

◉「特殊解」を「一般解」に

　本節で紹介した、まんのう町の事例は、
* 大学院のMBAコースで学んだ職員が、合理的な施設整備、維持管理の手法を実践したこと
* 技術系専門職がいないことで、従来の発想に縛られない公共施設マネジメントの実践に踏み出したこと
* 町内には総合的ビルメンテナンス企業が存在しなかったので、スムースに町外大手企業との「対話型」発注が成立したこと
* 65施設という施設数が、経費削減効果でも事業企画の大きさでも、最初に包括契約を実践するのに「ほどよいサイズ」であったこと

などが成功事例の要因となっている。

　ほとんどの要因が、まんのう町に特有の「特殊解」であるが、具体

的な一歩を踏み出したことで、まんのう町の実践を応用すれば、どの自治体でも実践できる「一般解」になった意義は大きい。

　民間大手建設業者（ゼネコン）は、20年以上も前から、数十のオフィスビルなどを、専門のビルマネジメント会社を設立して、総合的に管理を行い、経費の削減と最適な管理形態を実践して効果を出している。水道光熱費の使用量を横断的に管理すると、効果的な機器設置形態や、突出した使用量などによって異常をチェックすることもできるし、保守点検業務を巡回制にすることで、専門的・効率的に実施することもできる、というようなスケールメリットと専門性の確保を実現している。

　包括委託について、自治体が呼びかければ数社が、ノウハウ提供も含めて手をあげることは容易に予想ができる。

　実は、まんのう町という小規模自治体の仕事に大手ゼネコンの関連会社が呼びかけに応じたのには、理由があった。保守点検業務の一括発注の次に、中学校の改築という事業が予定されていたからである。まんのう中学の改築は、学校図書館と体育館を含むものであったが、まんのう町の担当者は、それまで町になかった公立図書館の機能を、学校図書館にもたせ、体育館も含めて地域開放することを企画した。そして、通常の学校施設では、地域施設としては規模や機能が十分でないために、公立図書館と社会体育施設としての体育館を「公共施設」として整備し、中学校がそれらの施設を使うという、「逆転の発想」に至ったのである。

　そうなると、中学校の改築と図書館、体育館の複合施設は、数十億円の規模となり、大手建設業者が受注に参加する可能性が出てくる。そして、その大手建設業者の関連会社であるならば、学校を含めた全公共施設の保守点検業務を一括管理できることから、建設事業の中に、保守点検業務や公用車の運行などの役所の「経常業務」を組み込む形態を検討したという経緯がある。このような、縦割り行政的発想

からの脱却によって、人口2万人弱の地方の町に、大手建設業者の保守点検業務に関するノウハウを持ち込むことができたのである。

　まんのう町の事例は、縦割りによる公共施設の管理では限界に達している経費削減を、包括的で合理的な事業実施によって、さらに一層の経費削減を進める可能性が高いことを示している。

　先行事例には大変な試行錯誤と苦労を伴うが、後発組は、成功事例をまねることができれば、リスクを最小にして経費削減をすすめることができる。保守点検業務の包括委託は、「まねることができる」手法の典型事例となる可能性がある。

　そして、実際にこの事例を基に、千葉県流山市では、予算編成から事業実施までのマニュアル化を図り、大きく前進させた取り組みを行ったのである。

●流山市における包括委託への発想

　流山市は人口約17万人の東京のベッドタウンであり、平成17年のつくばエクスプレス開通以降、市域の約1/5を区域とする土地区画整理事業の影響もあり近年、人口が急増している。

　保有する公共施設は平成26年4月現在、195施設586棟、約28万4,000㎡で市民一人当たりに換算すると1.67㎡と全国平均（3.42㎡/人）と比較して少ない状況にあるが、今後20年間の公共施設の改修・改築費は約35億円/年と試算されており、平均築年数32年を迎えた学校施設の老朽化対策と合わせて大きな経営課題となっている。

　そこで、ファシリティ・マネジメント施策の一環として、複数施設の電気工作物・浄化槽・消防用設備・自動ドアなどの保守点検を一括発注する「デザインビルド[1]型包括施設管理業務委託」を実施し、事

1　通常は「設計施工一括発注」を指すが、流山市では「課題・目標・予算等の与条件」を明示したうえで早い段階でプロポーザルコンペを実施し、事業の詳細は優先交渉権者との協議により決定してく仕組みを「デザインビルド」として扱っている。

務量の大幅な削減、コスト削減、質の向上などを図っている。

　一般論として、従来の行政による設備管理は財政システムが単年度会計、款項目という予算枠組であるという制度のもとで実施されるので、どうしても庁舎の電気工作物、学校の浄化槽設備など各施設の設備ごとに予算計上し、一般競争入札に付す形となる。

　また、これらの業務の発注担当者は事務職である場合が多く、(技術職でも難しいが)高度な建築設備の仕様書を作成することが困難であるため、専門業者から提出される仕様書(案)をベースに仕様書をまとめ、業務を仕様発注する仕組み(一般競争入札)となることが通常である。このことにより、施設ごとに管理の質にばらつきが生じ、結果的に事務費を含めて高コスト・低サービスの状態となりがちである。

　これらの問題点を解決し低コスト・高サービスによる施設管理を行うためのイノベーションが包括施設管理業務である。

●まんのう町、我孫子市の経験から学ぶ

　包括施設管理業務委託は、香川県まんのう町での「まんのう町立満濃中学校改築・町立図書館等複合施設整備事業」において、PFI法を活用して実施した事例が全国ではじめての本格的な包括施設管理業務委託である。これに引き続き、千葉県我孫子市で「提案型公共サービス民営化制度」で応募された民間提案を採用したものが全国で2例目となっている。

　いずれも別の制度設計や目的のなかで「民間提案」により包括施設管理業務が行われた経緯があるが、流山市ではおそらく全国で初めて「包括施設管理業務」そのものを対象としたプロポーザルコンペを実施することとなった。

　担当者もまんのう町や我孫子市の包括施設管理業務の情報は得ており、そのポテンシャルに魅力を感じていたが、どのように事業化すれば良いのか、設備管理の質(契約における基準)をどう設定するのか

など、実現には高いハードルがあるように見えていた。

　このような時期に偶然にも先行事例の担当者や事業者と知り合い、事業化に向けた技術的なアドバイスを受けながら庁内で対象施設・設備などを抽出していくことができた。当初は庁舎・学校や比較的大規模な公民館などの34施設を対象とすることとなった（２年目には契約変更を行い直営の施設のほぼすべてに該当する46施設68契約分を１契約に集約している。）。その結果、直接事業費である委託費が約800万円、契約等に関する事務人件費の圧縮で約350万円（優先交渉権者の企画書による概算。実際は、契約１件当り10万円程度と考えられる）が圧縮できた。契約は３年間なので、約3,500万円の経費節減を、サービス水準の大幅な向上とともに、実現したことになる（図表３－３）。

図表３－３：流山市のFM施策（デザインビルド型包括施設管理業務委託／PPP事業）

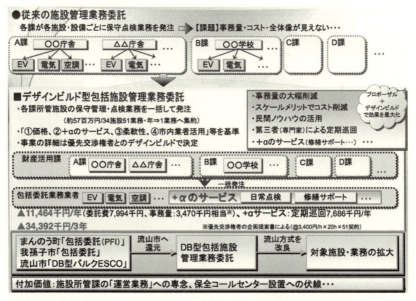

出所：流山市の「デザインビルド型包括施設管理業務」説明資料

第３章　公共施設マネジメントを事例から学ぶ

●技術系職員の少ない、人口20万人以下の自治体の悩み

　包括委託の対象施設・設備を選定する過程で、浄化槽・エレベーターなど同一設備であっても想像以上に各施設における仕様書の構成・内容などが千差万別でありバラツキがあることが明白になった。

　仕様発注にするためには既存の仕様書を解読し、どこかのラインで仕様を整える必要があるが、これには相応の時間と高度な専門性が必要であり現実的ではないと考えられた。そこで、既存の各施設・設備の数量・仕様・保守点検の仕様を一覧表で明らかにしたうえで、目指すべき基準を国土交通省が推奨する基準とすることを明記した「性能発注」とし、詳細については、市とプロポーザルコンペで選定された優先交渉権者との協議により決定していく「デザインビルド方式」を活用することとした。

　デザインビルド方式により、発注の担当者は高度な専門性を有す必要がなくなるだけでなく、それまで莫大な時間と労力を費やしていた（コンデンサー、ブロアー、POAなど専門用語を理解するところから始まる）仕様書の作成から解放され、「良好な設備状態を維持すること」を性能基準として記せば良いこととなる。設備管理の詳細な条件などは、民間事業者のノウハウを中心に自治体担当者との協議により決定していくことで、大幅な業務量の低減と適正な質の確保を両立できることとなった。

　人口が少なく技術系の職員が不足している自治体（人口20万人以下の自治体は総数の約8割であり、十分な技術系職員が配置されていない実態にある）では、専門性を補完しつつ大幅に事務の削減ができる「性能発注＋デザインビルド」方式は、ファシリティ・マネジメントという分野に限ることなく公民連携の有効な経営手法となるだろう。

●バルク型契約などの創意工夫も組み込む

　本来であれば包括施設管理業務（一括で契約するバルク型契約）を

行ったとしても、地方自治法の規定によって、予算編成にあたっては、款項目に沿ってその施設が属する予算科目ごとに予算を計上しなければならない。結果として毎月、多くの部署で検収・伝票の事務を取り扱うこととなり、事務量の削減効果が非常に薄くなる。

　流山市では、財政担当課と協議を行い、本業務の事務上の効率性を最大限に発揮するため、決算統計上、款項目に沿って施設ごとの経費がわかるよう施設ごと・設備ごとの費用の内訳を明確にすることを条件に、2款1項7目の財産管理費で予算を一括計上し、伝票などに要する事務コストを大幅に削減することとした。

　また、大手のビルメンテナンス業者に一括発注することで懸念される市内業者の活用については、「電気工作物・浄化槽・消防用設備は原則として市内事業者を現行と同等以上の条件で活用すること」を公募要項で条件化するとともに、優先交渉権者の選定後に自動ドア・エレベーターなどのメーカー管理となる設備を除き、すべて市内業者を活用できるよう優先交渉権者と協議・調整し、結果的にこのような条件での業務が実施されることとなった。

　市内業者にとっては業務を通じて大手ビルメンテナンス業者の点検方法・フォーマットなどを入手できるだけでなく、良好な市内事業者は大手ビルメンテナンス業者を通じて他の民間物件を受注できる機会も得られるため、実質的な意味での市内業者の育成にも寄与している。当然のことながら、見積書の提出、入札への参加、個別契約の締結、完了届提出、費用請求という営業活動・事務手続きのために、何回も役所に足を運ぶ手間も節減できる。

　さらに、包括委託によるスケールメリットで生じるコスト削減効果を活用して、対象施設を毎月1回巡回点検し、ドライバー1本で対応可能な建具調整、屋上のドレン周りの清掃、水回りのパッキンの交換などを行うサービスや、概算見積・優先度を付した3か年分の短期修繕計画書、各施設での不具合等についてWeb上で共有できるサービ

スなど付加し、質の向上も同時に図っている。

●性能発注の考え方

　性能発注とする場合、業者選定はプロポーザル（あるいは総合評価一般競争入札）によることとなる。プロポーザル方式については、結果的に随意契約となるため公平性・競争性などの観点から一部の自治体で懸念する意見もあるが、地方自治法施行令第167条の2第2項において「性質又は目的が競争入札に適しないものをするとき」は随意契約が認められていることは明白である。

　包括施設管理業務委託のように、多業種にわたる複数の民間事業者を適切にマネジメントしつつ、質の向上・コスト削減等を同時に図る事業では、「価格のみ」による一般競争入札に馴染まないことは誰もが納得できるであろう。

　専門技術者や十分な技術情報を得ることができない多くの自治体にとって、一般競争入札にこだわり、前年度の「起案」を参照するか、業者の見積書をもとに、複雑で膨大な仕様書を作成して仕様発注することは、「安かろう・悪かろう」の結果になるリスクを内包している。より効率的で効果的な業者選定をするためには、自治体はオーナーに徹し「課題・目的・（予算を含めた）与条件」のみを明確にした性能発注（プロポーザルコンペ）とすることが有効な手法となる。もちろんこれまでなじみのない「性能発注」を実施することは簡単なことではない。

　プロポーザルコンペとする場合、民間事業者は提案作成のために相応の時間と労力を投入する。優先交渉権者に選定されなかった場合は、このコストが無駄になる「応募リスク」を負うことを自治体の担当者が理解しなければならない。

　つまり、いかに提案リスクを低減しつつ参加意欲を向上させるのか、プロポーザルコンペの仕組みづくりでは工夫する必要がある。流

山市では、できるだけ簡易なプロポーザルコンペにより優先交渉権者を先行決定し、事業の詳細決定は市と優先交渉権者の協議によるデザインビルド方式とすることで応募リスクを低減しつつ、より自由度の高い提案を可能とすることで参加意欲を高めている。

　また、自治体にとっても「応募者ゼロ」の不調リスクを避ける必要があることから、事前に民間の市場を確認することが求められる。基本的には当該業務を遂行できうる民間事業者へのヒアリングが中心となる。流山市において、総合体育館指定管理者の公募条件を検討するために実施したサウンディング型市場調査（案件の内容や公募条件などを決定する前段階で、公募により民間事業者の意向調査と直接対話を行い、当該案件のポテンシャルを最大限に高めるための諸条件の整理を行うもの）も、短期間に市場性を把握するうえで有効な手法であることが判明した。

　さらに重要なことは、これらの調査により把握した市場性が自治体の想定していた内容と乖離する部分については、柔軟に公募条件などを見直すことである。

　このような応募者となる民間事業者の立場を考えつつ、公募要綱を整えていく（性能を規定していく）ことが事業成功の大きなポイントになる。

●包括施設管理業務委託のメリット

　「縦割り行政に横串を通す」、「広域連携」は行政が自ら行うだけではない。流山市の包括施設管理業務委託では、財産活用課が予算を含めて総括管理しているが、庁内の各種設備点検業務を横つなぎしているのは民間事業者である。

　また、近接する我孫子市も同様の業務を同一業者が実施しているため、民間事業者にとってはより大きなスケールメリットが享受できるだけでなく、自治体にとっては反射的な利益として我孫子市のサービ

スレベルをみながら、より低廉なコストで円滑な業務が実施されることとなっている。

　このように、民間事業者が行政の内部課題を解決していくことも包括委託の副次的な効果である。

　また、このような性能発注や民間との協議により事業の詳細を組み上げていくPPPの手法は、ファシリティ・マネジメントに限らず行政の様々な分野で応用可能である。こうした事業を地道に一つずつ丁寧に積み上げていくことが行政運営から自治体経営への変革の第一歩になるだろう。

3 小さな町の小学校統合から生まれた大きなプロジェクト

論点　公共施設マネジメントを進める上で、最も合理的なのは、施設のほぼ半数をしめる学校に、公民館や図書館、福祉施設等を組み込むことであるとされるが、教育委員会や教職員、PTAなどの関係者の抵抗は非常に大きい。児童・生徒のセキュリティの確保や、授業を行う空間に外部の人間が入り込むことへの心理的な抵抗感である。また、中山間地で複式学級となっていても、自分たちの地域から学校がなくなることで、地域が消滅するのではないかという寂寥感も大きいので、統廃合は非常に難しい課題となっている。しかし、少人数で複式学級になる場合の最大の犠牲者は、十分な教育機会を奪われる児童・生徒であろう。図書館や体育館などを開放することで、地域住民が足を向ける機会を増やし、まちぐるみで学校を中核としたコミュニティの維持を真剣に考え、実現した小学校の統合事例がある。地域が消滅する危機感をバネにすることで、従来の発想にとらわれずに学校施設の開放を検討し実現した姿勢から学ぶことは多い。

●差し迫った課題解決へのプロジェクトで学習効果が

　白書を作成した自治体で、想定されるマネジメントの方向として共通なのが、公共施設（厳密な意味では、公共施設に分類されないのであるが）の半数を占める学校施設に、公民館や図書館、スポーツ施設などの地域住民が利用する施設を統合する方向である。

　学校施設に他の公共施設を組み込むことは、計画としては最初に想定されるが、どの自治体も、学校の統廃合への抵抗感、複合施設にし

たときの教育環境との調和やセキュリティの関係も含めて、具体的な一歩が踏み出せないでいる。

このような状況のもとで、公共施設マネジメントという枠組ではなく、また、「白書」を作成することもなく、過疎地における学校の統廃合の課題を地域住民とともに、検討するところから、地域に開かれた学校の理念を当初から組み込んだ設計を行い、現実に、町の交流拠点としても機能している事例がある。計画論からではなく、地域の差し迫った課題の解決を真剣に考えることで、統合後の小学校を新設するプロジェクトの中で、地域住民の声を聞き、学校教育の機能と社会教育の機能の統合を実現する創意工夫が生まれた事例である。

●公立図書館よりも大きな学校図書室

山形県西川町の学校図書室はユニークである。

児童数が300人に満たない小規模の小学校ではあるが、図書室は一部吹き抜けの2層構造となっており、5万冊の蔵書規模を持つ。町立図書館よりも規模も蔵書数も上回り、多くの町民が利用できるように、独自のエントランスをもっている。

平日の午前10時過ぎからは、町民が読書のために訪れはじめ、休み時間に図書室に顔を出す小学生との交流も始まる。児童も町民も同じOPAC（Online Public Access Catalogの略で、図書館のオンライン蔵書検索のシステム）端末を使い、図書を検索することもできる。こどもたちも、「大きい図書館にしかないコンピュータでの図書検索ができるし、新しい本、楽しい本がいっぱいあってうれしい」という感想を寄せている。

さらに、2階部分には、児童用の図書が配架されているとともに、インターネットに接続したコンピュータが十数台並んでおり、先生の指導の下に、児童がわいわいと言葉を交わしながら、さまざまな情報にアクセスしている。1階の書架には専門書も含んだ一般書が並び、

休み時間のカウンターには図書を借りる児童が群がる姿が見られる。

小学校の規模に比して、大きな図書室となっている、というよりも、公立図書館を学校に併設（合築）した、というイメージである。機能面でみても、町立図書館といえるような閲覧スペースも確保され、一般書も数多く配架されている。単純に、学校施設に公立図書館を併設したのであれば、際だった特徴とはならないが、この西川町の事例は、後述のように、機能を統合する上での、さまざまな創意工夫と縦割りの省庁の補助事業を有効に活用する「理屈」づけが行われているのである。

学校の中に公立図書館の機能を組み込んだような、このユニークな図書室は、今後、全国的に公共施設更新のモデルとなる事例でもある。

●「不便な立地」を逆手にとる

山形県西川町は、人口約6,500人であるが、町域の範囲は広く、月山の麓に広がる自然が豊かな地方である。山菜料理は有名で、ホンダの創設者である本田宗一郎氏がヘリコプターを利用して、食べに来たという逸話があるほどである。

しかし、過疎化の流れは止めることができず、西川町では、人口減少、特に少子化の影響で、かつて8つあった小学校を5つに統合し、さらに1校に集約することとなった。

当然のことながら「自分たちの地域から学校がなくなる」という抵抗感から、当初は統合には大きな反対があった。しかし、複式学級になる場合も多く、このまま複数の小学校に学区を分けていては、子どもが最大の犠牲者になるということで、統合計画に対して各地域の住民も合意し、統合・新設が決まったのである。

この統合の議論のなかで、地元の木材も活用した校舎と学校農園などの自然ともふれあえる教育、将来の小中一貫教育、図書室や体育館は地域社会への開放を前提にした管理区分の設定など、人口減少と高

齢化が進むことを逆手に、町の自然資産を活かして、地域が一体化できるように、積極的な展開を図った。

　このような取り組みのなかで、特に、図書室の機能を積極的に検討した。まず、自分の地域から子どもの姿が見えなくなり、声が聞こえなくなることに寂しさを感じることへの対応として、町民が気軽に図書室を訪ねれば、子ども達と同じ空間で過ごすことができる、ということから、単なる「図書室開放」のレベルではなく、公立図書館と同様に、開館時間は午前９時から午後６時（土日休日は午後５時まで）に設定したのである。

　また、統合すると、徒歩通学は不可能となり、通学にはバスを使わざるを得なくなったが、小学校への各地域から通うのには９ルート、３台のバスが必要で、通学の時間差は最大で１時間にも及ぶ。その時間調整の間を児童はどのように過ごすのか。また、父兄が送り迎えする場合でも、待ち合わせの場所をどのように確保するのか。その待ち合わせ（時間調整）の場としても、図書室を機能させることとなった。このため、一般町民は放課後の時間帯に来館しても、子ども達の姿が見えることになるし、声を掛けたり、図書を介して、会話もはずむことになる。また、父母が迎えに来る場合には、親子で本を借りるなどの利用も促進されることになった。

●「大きすぎる」規模を最適規模に

　300人弱の児童数と５万冊の蔵書を考慮すると小学校としては「過大な規模」に思える図書室であるが、実情を踏まえた説明を聞けば決して過大な投資ではないことがわかる。そして、以下のように「学校の図書室である」という「建前」を主張し、あえて町立図書館ではないので、学校建設として補助対象となることを説明している。

　閲覧スペースが広く、ゆったりしているのは、図書室の機能を重視ししている授業を展開しているので、複数の学級が同時に使うことも

想定しているからであり、結果として、バス通学の時間の調整場所として、また、地域住民の利用にも十分なスペースが確保できる。

　小学校図書室では、通常は蔵書の対象となっていない一般書、専門書も、地域開放を意識して配架している。いわゆる「大人用の図書」であっても、学校では図書室を活用した「調べ学習」を重視していることから、特に、小学校高学年の児童もインターネットやOPACで検索する対象となり、質の高い学習の基盤にもなっている。

　図書室に地域住民専用の入り口を設置しているのも、気軽な利用を可能にする工夫であり、特に、平日夕方や土日休日は、学校部分を施錠することによって、学校の玄関を通過しないで入室できることは学校施設管理上もメリットが大きい。さらに、住民用の入り口の横には、畳が敷かれた「和室」部分と、フローリングの床の「会議室」部分に分かれた「多目的室」が設置されている。学校の多目的室は、特に、夕方や土日休日には、町の集会所機能を発揮することになる。また、地域住民の利用を前提とすることにより、常駐スタッフを学校司書として確保することになり、利便性と教育上の効果との一石二鳥の効果を生んでいる。

　さらに、日常的に地域住民が出入りすることによって、「特定多数の目」の存在が学校のセキュリティを高めることになる。学校に他の公共施設を合築すると、さまざまな人が利用することになり、セキュリティ上の懸念が主張されることが多い。ところが、不特定多数の出入りは、学校の安全管理からは大きな問題になるが、この西川町の事例をみても、地域住民という特定多数の利用は、むしろセキュリティを高める効果があるといわれている。特に、小学校は、全国平均をとれば、おおよそ人口1万に対して1校が整備されている状況なので、日常的にPTAや保護者会などで、「顔見知り」の範囲であることから、学校開放はむしろ学校の安全性を高めるともいえる。

　学校敷地内に確保している約100台分の広大な駐車場は、主要な交

通機関が車になっている地方では、絶対条件になっている。普段の通学はバスで行われても、教職員の通学、入学式や卒業式、授業参観日や運動会や学芸会などの全校行事など、意外に多くの駐車スペースが必要となる。そして、そのスペース確保は、日常的な図書室や体育館などの開放事業にとって、町民が利用するために大きなプラスとなり、学校を地域コミュニティの拠点として位置づけるための必須要件となっているのである。

　西川町のような人口密度が低く、バスなどの公共交通機関が限定されている地域はもちろんのこと、大都市の通勤・通学圏となっている郊外型の住宅地域では、車が主たる交通機関となっているので、駐車場が十分に用意されていない公共施設は、利用者が伸び悩むという共通の悩みがある。「駐車場は限られているので、公共交通機関をご利用ください」という案内を都市部の公共施設ではよく見かけるが、公共施設の利用効率を上げるためには、駐車場が必要という「法則」を積極的に考えなければならない時代になったのではないだろうか。

●地域のシンボルとなり、統廃合のメリットを実証

　人口減少、高齢化の進展に悩む市町村は多い。その中で、西川町は、状況を嘆くのではなく、対応策を積極的・戦略的に検討することで、従来の常識にとらわれない統合小学校の建設に結び付けた。

　町産材（杉板）をふんだんに使い、学校農園など身近な自然に触れる教育、使いやすく快適な図書室の活用、そして、図書室や体育館を地域住民が積極的に利用し児童と交流できる工夫を取り入れることで、地域への愛情を育むことができる空間を創造したのが西川町立小学校であった。

　この事例の意味するところは、小学校の統合という難しい課題に積極的に臨んだということと同時に、本来は小学校の機能の一つである図書室を、地域住民の図書館機能としても位置づけることで、経費の

節減はもちろんのこと、小学生にも質の高い資料やコンピュータなどの機器、読書空間を用意することで、学習意欲も高めることができ、住民にとっても、子どもと交流をしながらの図書館が整備され、コミュニティセンターとしての機能も実現することができたことである。一つの具体的なプロジェクトにさまざまな機能を組み合わせることで、複数機能の統合メリットを軸とした施設の整備のあり方を行政内部にも、地域住民にも具体的にメリットを示すことができる、ということであった。

公共施設マネジメントの「総合（保全）計画」を策定して、施設の統廃合の計画を立てて、住民や議会との合意形成を図る、というような従来型の計画・整備方式ではなく、具体的なプロジェクトから出発して、創意工夫で機能を強化し、使いやすく諸条件を整備する。そのプロジェクトの実際の運営によって、公共施設の統廃合の必要性と機能統合、利用環境の整備を具体的に検討し、他の施設統廃合・更新計画に反映させる。このような手順が必要となっていることを、西川町の事例は示している。

学校敷地内に広大な駐車場

児童とは別の地域住民用の入り口（公立図書館風）

ゆったりとした閲覧スペース（デスクランプも）

インターネットでも調べもの（メディアコーナー）

4 図書館「論争」から生まれる公共施設の目的

論点 無作為抽出の市民アンケート調査を行うと、共通しているのは、地域住民にとって、もっともなじみが深く、利用されている施設は公立図書館であるが、それでも、地域住民全体の15%程度が利用しているに過ぎない実態である。その図書館の我が国での一般的イメージは、本を借りたり、子どもへの読み聞かせを行ったり、調べものをするというものであるが、佐賀県武雄市図書館で蔦屋書店を運営するCCC（カルチャー・コンビニエンス・クラブ）を指定管理者にしてリニューアルしたところから、これまでのイメージを大きく変え、全国的に図書館のあり方を巡る議論が大きく展開された。

公立図書館は公務員が運営すべきだと主張する一部の団体等から「図書館ではない」という批判が寄せられたが、海外（特にアジア）の図書館では、もっと多様な機能とサービスが展開され、まちづくりの中核施設となっている。貸出冊数のみを異常に重視する日本の図書館は、国際的にみれば「ガラパゴス化」しているともいえる。財政的にも、機能的にも公務員が管理運営することの限界が明らかになっている現在、どのような図書館が必要で、可能なのかが大きく問われている。

●「あり方」について議論を巻き起こすことの価値

公共施設のマネジメントにとって、最も重要なのは、一つひとつの公共施設（法的には「公の施設」）が、何を目的に整備され、その目的に照らして十分に機能しているのかどうか、さらに、その利活用の

実態は、税金を投入することに対して、しっかりとした説明責任が果たせているのかという「存在理由」である。

公共施設の総面積をおおよそ30％は削減しなければならないという認識が自治体関係者の間では広がっているが、公共施設の設置目的を再定義し、その必要性を明確にするところから対応策が進む。したがって、「あり方」を議論することは大きな意義がある。

武雄市図書館のあり方をめぐる「バッシング」と「礼賛」の両極端の評価は、設置目的の議論を進めるうえで、大きなインパクトをもたらしたといえる。

武雄市図書館の選書を巡る問題は、同じく、CCC（カルチャー・コンビニエンス・クラブ）を指定管理者とした神奈川県の海老名市立図書館に飛び火し、さらに、愛知県小牧市の「新」図書館の建設の是非に対する住民投票にまで広がった。

そもそも武雄市図書館におけるこの「すれ違い」の要因は、2013年の7月に「図書館友の会全国連絡会」が出した「武雄市図書館の民間会社による管理・運営に関する声明書」と、これに対する武雄市教育委員長と武雄市長の連名による「回答」を読み比べることで明確になる（それぞれインターネットで検索すると見ることができる）。

それは、従来型の公立図書館運営を「是」とする考え方と、新しい「公共空間」としての図書館を目指す考え方の違いであり、特に「友の会」は、「あるべき図書館の姿」としてその機能やサービスの内容よりも「教育委員会の責任で設置し、直接、管理運営される図書館」、つまり、公務員による直接の管理運営を理想としていることで、「埋められない溝」を創り出している。

本来、活発な議論は「溝を埋めるための作業」として有効であるが、武雄市図書館をめぐる議論では、溝を認識することに価値があると考えられる。なぜならば、我が国における公共図書館の一般的イメージは、半世紀もの間、ほとんど変わらずに「あり方」に関しての

幅広い議論がなされなかったからである。もちろん、実態としては、一部では固定的な概念を打ち破り、地域特性を考慮した図書館は多くの利用者を集め、新しい地域文化創造の担い手となっている事例も多く存在している。しかしながら、3,234館（平成24年4月現在：日本図書館協会統計）の大部分は、蔵書数、入館者数、貸出数を主要な活動指標として、その「増加」数を予算査定の際に主張せざるを得ない実態がある。

　公立図書館は、戦後民主主義のシンボル的存在として、権力や社会的圧力による介入から自由と人権を守るという視点を基本に、「知る自由」を軸として民主主義の基盤をつくる存在として、「図書館の自由に関する宣言」（昭和29（1954）年：日本図書館協会）を基本的理念としてきた。

　このような理念に変化はないものの、公立図書館の利用形態は、「貸出」が異常に重視されたことに、我が国の多くの公立図書館が固定的設置形態やサービスに留まっている要因があるのではないか。1960年代に、東京都日野市から展開された「市民の図書館」運動が、固定的な図書館がなかった段階で、自動車による巡回図書貸し出しサービスを展開することによって、「貸出中心主義」が始まったと言われている。約60年前には大きな価値を持ったこの運動の主旨が未だに続いている状況に対して、武雄市図書館をめぐる議論が大きなインパクトを与え、ようやく「図書館のあり方」を議論する基盤ができたのである。

●画一的な日本の図書館と社会変化に対応する米韓図書館

　これまで、国内外の多くの公立・公共図書館を見てきたが、その経験から確実にいえることは、我が国の図書館においては、ハードウェアとしての「館」（建築、インテリアデザインとも）は、地域特性を考慮した個性的なものが整備されるようになってきたものの、ソフト

ウェアは、閲覧、貸出・返却、読み聞かせを中心に、それほどの個性が発揮できていないことである。

　最も印象深かったのは、ニューヨークのマンハッタンの中心部にある「ニューヨークパブリックライブラリー」であった。100年以上を経たネオゴチックの建築の素晴らしさはもちろん、数百万点の閉庫書架にある資料が、20分程度で閲覧可能になる一方で、貸出は行わないという調査研究に特化した図書館であった。20年以上前でも、コンピュータを駆使したデータベースの利用は無料であった。そして、数十年前に身寄りの無い移民が、この図書館の経済・投資データを活用し、近くのウォールストリートで莫大な財産を築き、亡くなったときに、その全財産を図書館に寄付したおかげで、現在でも無料で誰もが利用できるという説明もあった（この図書館は、ニューヨーク州からの補助はあるものの、公立ではなく財団で運営される公共図書館である）。

　また、10年程前には、米国の主要大学における図書館のメインフロアからは「図書」が消えて、コンピュータとラウンジを配置した「ラーニング・コモンズ」に変わっていたことにも、知的生産・交流手法の変化への対応を学ぶことができた。今では、日本の大学でも導入しているところが増えている。

　さらに、数年前に韓国の各種図書館を視察したときは、国立デジタル図書館が整備され（次ページ写真）、また、中核的図書館には数十台のコンピュータが配置されて、無料で誰もが使える状況にあった。一方で、放課後の児童を始め、近隣の市民が気楽に立ち寄れる180㎡程度の「小さな図書館」がまちの津々浦々に整備されたり、よちよち歩きの年齢から英語に慣れるために、英語の絵本を揃えて楽しみながら学習する「子ども英語図書館」（有料）まで、様々な形態と規模の図書館が整備され、我が国の図書館とは全く違う環境にも、驚かされたのである。

第3章　公共施設マネジメントを事例から学ぶ

コンピュータが配置され、図書がない韓国の国立デジタル図書館

　韓国の地域や利用者の特性に対応した、様々な図書館サービスの展開は、韓国の図書館法をみると、その理由がわかる。
　日本の図書館法は、自治体が設置する「公立図書館」とその他の「私立図書館」しか定義されていない（一般に使用されている「公共図書館」は、法律的には存在していないことに注意）。しかし、韓国の図書館法は、公共図書館として、自治体が設立した図書館、民間団体が設立した図書館の他に、小規模文庫、障がい者図書館、病院図書館、兵営図書館、刑務所図書館、子ども図書館を個別に定義するとともに、大学図書館、学校図書館、専門図書館というように、10以上のカテゴリーに分類している。また、条例で定めれば、使用料も徴収できるという規定もある。そして、図書館政策への対応として、大統領府のもとに「図書館情報政策委員会」を設置し、「図書館発展総合計画」と「用途別施行計画」の作成も義務づけている。当然、国と地方公共団体には財源の確保を義務づけるが、日本の図書館法では、国が「補助できる」という規定しかない。

●武雄市図書館のイノベーション

　米韓の図書館に共通しているのは、時代の変化に対応し、さまざまな情報に対する要望に対して、従来の固定的な観念に縛られることな

く、新しいサービス形態を産み出し続けていることにある。CCC（カルチャー・コンビニエンス・クラブ）が指定管理者となり、いわゆる「ツタヤ図書館」としていろいろと批判のあった武雄市図書館であるが、連日、多くの市民が来館している実態は新しい図書館像として注目されている。武雄市図書館のイノベーションは、従来型の「啓蒙的あるべき論」ではなく、利用しようとする、あるいはこれまで利用してこなかった市民の視点から「実現する9つの市民価値」を独自に考え出したことにある。365日、朝9時から夜9時までの開館時間、興味関心に沿った図書分類と検索システム、雑誌や文具の販売、映画・音楽（CD、DVD等）の充実、カフェ・ダイニングの導入、代官山蔦屋書店のノウハウを活用した快適な滞在空間やサービス、「Tポイントカード」の導入などである。

　この中で、最も注目を集めているのが、天井まで本で埋まっている壁面の書棚や、テーマごとに囲みになっている書架、統一されたデスクと椅子、ランプによる都会的なおしゃれな空間、スターバックスカフェと雑誌・書籍の販売である。館内であれば、コーヒーを飲みながら売り物の雑誌も購入義務を負うことなく見ることができる。有料ではあるが、数万点に及ぶCD、DVDをレンタルできるし、遠方から来た入館者でも、借りた本を500円払えば宅急便で返却できるなど、

多くの工夫が施された武雄市立図書館の館内

徹底的に利用者視点のサービスを展開している。しかも、「静かな学習室」も用意して、落ち着いた環境も提供しているのである。

　さらに、構想発表から１年以内での大規模改装、リニューアルオープンというスピードも「役所仕事」の常識を超えていた。短期間に、必要な法定手続き（条例改正や補正予算、指定管理者指定の議会議決）を行ってしまったのである。市民目線による空間とサービスの提供、実現までのスピードは、前市長のリーダーシップによるところが大きいが、議会もそれを支えたのであり、市長の「独走」を批判する意見もあるが、二元代表制をとっている我が国の地方自治制度では、独走は簡単に許されるものではない。市民の支持があったから実現したと判断するのが自然である。

●機能の分離と組合せ

　武雄市立図書館の「実験」は、図書館行政に大きなインパクトを与えたことは確かであるが、公共施設全体にとっても、これまで欠けていた「ミッション」に関する議論が必要であることを示した点でも大きな意義がある。

　前述したように、従来の図書館は、施設は個性的でも、サービスは非常に似通って、共通していたのが実情であった。しかし、図書館の利用形態を観察すると、市民は様々なサービスを求めていることがわかる。

　まず、図書の貸し出しであるが、その大部分は文芸書と実用書である。そして、子どもへの読み聞かせ、レファレンス、新聞・雑誌の閲覧、調査研究、学習スペース、そして、限定的ではあるが、カフェ（飲食）である。

　これらの機能は、一つの「図書館空間」において、フルセットで提供する必要はあるだろうか。予約をインターネットで行い、受け取り・返却するには、札幌市図書館の「大通りカウンター」のように、

主要駅前のカウンターのみで良いだろう。子どもへの読み聞かせは、公民館でも近くの「集会室」でも可能である。雑誌・新聞の閲覧ならば公民館でもよい。調査研究、レファレンスは、全般的な要望に応えるためには、50万冊以上の蔵書をもち、大学院修士号を取得したような専門司書を配置した（県立図書館のような）大型図書館が必要であり、これは人口30万人程度以上でなければ対応できないだろう。学習スペースは、さまざまな身近な公共施設を活用できるし、民間の有料サービスも提供されている。

　図書館の機能を考えれば、必ずしも、一般にイメージされる図書館ですべて実現する必要はないことがわかる。また、すべての機能を実現するために図書館を訪れる市民はほとんどなく、大部分の市民は一つないし、二つ程度の機能を求めて来館するのであるから、逆に考えれば、部分的な機能は、庁舎、学校、公民館、博物館等で実現できることにもなる。むしろ、図書に囲まれた空間はインテリアとしても好まれるので（高級ホテルやマンションでは「ライブラリー」を設置している）公共空間の一角に書架を設置するスペースをつくるという分散型も可能性としてはあるだろう。

　武雄市立図書館は、人口５万人の地方都市において、「都会的な雰囲気を味わえる快適な公共空間」を「図書館」という概念で実現した成功例である。ただし、他の地方都市で、同じようなサービス提供が可能かどうかは、質の高い施設、マーケティングやマネジメント手法にすぐれた企業、リーダーシップを発揮できる市長とそれを支える議会と職員の組合せなどの要素を十分に考える必要がある。公共施設マネジメントの観点からは、武雄市立図書館の成功は、サービス（機能）と施設の組合せのイノベーションととらえるべきではないだろうか。

●武雄市の「消費的サービス」と伊万里市の「価値創造支援サービス」

　一般的に、公共図書館は、一人当たり図書貸出数、レファレンス対応件数、子どもへの読み聞かせイベントの開催回数などの利用件数をどれだけ増加させることができたか、という成果で評価されることが多い（肝心な来館者数を把握し、管理している図書館が少ないために、来館者数は評価指標として使われていない）。特に、貸出件数の増加は、市民の希望する図書の確保や関心のあるテーマに関連した図書の展示などで、多くの図書館職員が常に「成果」として意識している課題である。

　このような評価指標を前提にすると、この数年間で、もっとも注目を集めた図書館は、前述の武雄市図書館である。人口5万人の地方都市の図書館に、これまでの数倍に及ぶ年間約100万人の入館者を集め、貸出冊数も2倍近くに伸びたことで、大きな話題になった。そして、何よりも、スターバックスによる館内のカフェサービスが、一時は全国4位の売上（カルチュア・コンビニエンス・クラブのフランチャイズ店舗の中で実績）になるほどの人気となり、その後の多くの新設公共図書館の計画に、カフェの併設プランが要望として一般的な傾向になったほどに「まちづくり」の事例としても注目された。

　前述したように、構想発表から11か月でのリニューアルオープンという従来の行政施策では考えられないスピード、TSUTAYAや蔦屋書店とスターバックスブランドで全国展開をしているカルチュア・コンビニエンス・クラブを指定管理者として、Tポイントカードとの連携などの話題でオープン前からネットはもちろん、マスコミでも多く報道され、全国的に注目された。この図書館の運営方法は、賛否両論が渦巻き、これも前述のように、結果として「図書館とは何か」という議論が大きく展開される契機となったことも確かである。

　この武雄市図書館の対比されるのが、同じ佐賀県に立地している伊

万里市民図書館である。伊万里市の人口は約5万7千人であり、武雄市とほぼ同じ規模である。「つながる図書館」（ちくま新書、2014）で、著者の猪谷千春氏は、「佐賀県には、全国から視察が引きも切らない公共図書館が二つある」が、「それぞれの図書館が目指す方向は、見事なまでに対照的だ」としている。

　全国展開をしている企業のブランドを活用して、多くの市民が足を向けたくなる快適な空間とサービスを提供した武雄市図書館。これに対して、市民とどのような図書館が必要なのかを徹底的に話し合いながら企画・設計をすすめて、開設後20年経っても、図書館の開館初日を「誕生日」として毎年200名もの市民が集う伊万里市民図書館である。あえて両者の性格の違いを表現すれば、市民が求める質の高いサービスを提供する武雄市図書館と、市民が主体的にコミュニティ活動を展開する拠点となっている伊万里市民図書館といえる。

　この性格の違いは、「消費的サービス提供型」と、「価値創造支援型」との違いともいえる。武雄市図書館の場合は、消費サービス提供型であっても、圧倒的な注目度と来場者の飛躍的増加（地域外からの訪問者や視察者の増加による「経済的効果」も無視できない大きさになっている）、まちづくりへの波及という大きな効果を生み出している。したがって、単純に消費的サービス提供型として、伊万里市民図書館の価値創造支援型に劣るということではなく、両者ともに、全国的に注目される革新的な取組として、また公共施設マネジメントにおいても、税金投入の効果を実証している。

●価値創造には多くの時間とエネルギーが必要

　伊万里市民図書館が、市民協働の拠点として全国から注目されるようになったのは、行政と市民、それにプロフェッショナルの自覚をもってコーディネートした建築設計者の大変な時間と労力が投入されたためである。

伊万里市には昭和29年から平成7年までは「市立図書館」があったが、面積はわずか216㎡で、利用登録した市民は約2千人に過ぎなかった。そこで、市民は、「図書館づくりをすすめる会」を結成し、図書館新設の要望を続けた結果、市は平成4年に図書館建設準備室（室長は定年退職後に現館長）を設置し、設計段階から市民参加による準備が始まった。

　準備の過程で「図書館づくり伊万里塾」を8回にわたって開催し、毎回数十名の市民が参加し、図書館とは何か、自分たちの図書館とはどのようなものかを話し合った。視察も行い、また、多くの図書館の設計実績と「こだわり」をもった設計者とも侃々諤々の議論を行ったという。例えば、子どもが読書に親しむように、乳幼児に対する布の絵本を市民ボランティアがつくるための「創作室」を設置したのであるが、ミシンやアイロンがけに必要なコンセントを腰の高さにいくつも設置するなど、館内随所に大小の「使うため」の工夫が施された。「伊万里市民図書館」（市立図書館から、市民図書館への名称変更に注目）としての落成式には2,000人以上の市民が参加し、毎年の開館記念日を「めばえの日」として、200人以上の市民にぜんざいをふるまって祝うという。

　開館後20年以上を経た館内を見ると、無駄なスペースは全くなく、そこかしこに、市民が自発的に利用できるスペースが用意されている

子どもコーナーには、大きな「木」とグランドピアノが設置されている

のには驚く。また、こどものコーナーには、大きな木（イミテーションではなく実物の木）とグランドピアノがおいてあり、読書だけでなく、合唱のイベントも行われる。読み聞かせの場所は焼き物のまちを象徴する「登り窯」をデザインしてあり、わくわくする空間を演出している。別のウィングには、レファレンスデスクや「伊万里学」研修室もあり、ここは静かな学習スペースを確保している。

運営の中心となっているのは、「すすめる会」が発展した「図書館フレンズいまり」で、400人の市民が年会費1,000円を払って参加している。「図書館の活動に協力し、提言することにより、伊万里市民図書館が市民のための図書館であり続けるよう、守り育てること」を目的とし、後援会や各種イベントの企画、広報・ＰＲ、図書館周辺の草むしりから植栽管理・清掃まで、その活動範囲は広い。さらには、古本市などの収益を寄付したり、乳児からのブックスタートの資金が足りないと知れば、亡くなった方の遺産を「赤ちゃんにつなぐ」ということで教育振興基金をつくって資金提供をする活動も行われている。金額は少なくとも、このような活動を展開することで、市も財政難のなかでも、予算確保を工夫せざるを得ない状況になっている。

また、現在の職員体制は18人であるが、司書職4人を含む正規職員は6人のみで、8人の嘱託司書と4人の臨時職員の構成であり、施設規模を考えるとすべての活動を職員だけで担当することは不可能である。「フレンズいまり」が、蔵書管理、レファレンスなどの基本業務以外の、さまざまな活動を担っていることで運営できていることは確かである。これは経費削減の効果もあるが、それ以上に「自分達の図書館であり、地域の交流拠点として活用する」という意識を生み出している。

この結果、図書館の利用登録を行っている市民は70％以上に及び、武雄市の24％、近隣の唐津市の36％、佐賀市の32％と比較しても、格段に多い。利用登録は、複数の図書館の存在などで、同じ基準での比較は難しいが、伊万里市の70％以上という数字は別格であることは間違いない。

大多数の市民にとって、欠かせない交流拠点になっているのである。

●消費的サービスは、価値創造支援サービスの契機に

　価値創造支援型のサービス展開は、行政だけではなく、広汎な市民活動に支えられなければならないし、市民との連携という基本的姿勢を打ち出すだけではなく、信頼関係を基礎にした役割分担の明確化、設計上と運営上の創意工夫、持続的な活動を展開するための仕掛けづくりなど、その地域、コミュニティに対応した協働体制が必要である。

　大手企業などのノウハウを導入し、成果が約束された消費的サービスを展開することは、それなりの資金と準備で実現する可能性は高い。武雄市図書館は、前市長の圧倒的なリーダーシップによって、短期間に、そして、当初から「全国区」を想定したPRで、大きな成功をおさめた。しかし、全国に同じようなサービスが展開されるようになると、現在は、市外県外からも訪れる多くの利用者や視察者が時間の経過とともに減少することは十分に予想できるし、「東京の洗練されたサービス」に替わって、武雄市独自のサービスを求める声が大きくなることも確実である。

　公共施設におけるサービス展開は、価値創造支援型が基本となることで、税金投入の意義を説明することができるが、それは、多くの市民活動に支えられることが前提であり、その活動の基盤は、行政にも市民にも、多くの創意工夫と努力が必要である。その基盤づくりの契機としての消費的サービスの展開は容認されても、受益が限定されるサービスに継続的に税金を投入し続けることには、相当の説明責任が問われることは確実である。

　佐賀県の隣接した二つの自治体における、全国的に注目されている図書館サービスを事例に消費的サービスと価値創造支援型サービスの定義づけと関係を述べてきたが、このような公共施設におけるサービスは図書館に限らない。首都圏の人口20万人規模の自治体で、総合運

動場におけるＰＦＩ案件の審査委員を務めた経験でも、同じように提供するサービスのあり方を巡っての議論があった。70億円以上の大規模事業なので、大手スポーツ関係企業を主体としたグループと地元のスポーツクラブを主体としたグループが優劣を競うこととなった。400メートルトラックと芝の運動エリア、観客席と駐車場、付属のテニスコートという典型的な総合競技場なので、テニスコート以外の部分を多くの市民利用によって稼働率をあげることが課題であった。したがって、審査では、施設の設計デザインはもちろん、市民スポーツの拠点性をどのように持たせるかで、運営面、特に「自由提案」部分の評価点ウェイトが高く設定された。

　大手スポーツ企業による利用者個人の体力や運動履歴を管理しながら、適切なメニュー提供をするという質の高いサービス提供による集客力という提案と、これに対するクラブハウスを設置し、地元市民によるスポーツクラブの活動拠点を整備するとともに、トレーナーや栄養士を配置したトレーニング・食事プログラムを展開することによる「手作り活動支援」、という二つの自由提案となった。審査結果は、地元市民の主体的なスポーツコミュニティ形成の採用ということになった。

　当面の運営の安定性は、大手スポーツ関係企業に信頼感があるものの、市民の側が、「受け身」のままでは、中長期的な施設の利用について、「自分たちの施設」として時代や環境の変化に対して、主体的に対応する基盤が形成できるかどうか、という観点であった。その結果、当面の運営では若干の課題（事業採算性に対する楽観性）があるものの、地元市民が主体的に関わる案が選択されたのである。

　公共施設は、建物躯体部分の「寿命」を考えれば、適切な維持補修を前提とすれば、100年でも存在する。その100年の維持補修のエネルギーは、地域住民の意欲と負担の総量に依ることは明らかである。当面の経費だけではなく、長期間にわたって市民が「自分たちの施設」として活用する基盤をどのように形成するのかが問われている。

5 民間の発想で収益を実現した公共施設マネジメント

論点 公共施設の維持管理には、当然のことながら経費がかかり、入場料や利用料などの一定の収益があっても、受益者負担や経費削減の手段という思考形態が一般的であった。しかし、公共施設を「資産」として位置づけることによって、発想の転換が行われる可能性が出てきた。「資産は収益を生み出すためのもの」という民間の発想からすれば、「公共施設」はキャピタルコスト（イニシャルコスト）を用意する必要もなく、減価償却費を計上する必要もなく、固定資産税も払う必要がない「宝の山」になる可能性も出てきた。公共性の担保をしっかりと意識すれば、指定管理料がゼロ、もしくはマイナス（指定管理者が納付金を支払うこと）になる事例も生まれてきた。公共施設を市民財産として積極的に活用する発想である。

●「行政から発注」の限界

　静岡県掛川市で、「マイナス指定管理料」を実現する可能性をもったプロジェクトがスタートした。これは、指定管理者制度で管理運営を行っている「掛川城周辺エリア施設」で展開するものである。掛川城天守閣は、平成6年に総工費11億5,000万円をかけて、木造で復元されたが、このうち4億6,000万円、約40％が市民募金によるものということで、当時は全国的に注目された事業であった。

　「マイナス指定管理料」とは、公共施設の管理運営に指定管理者制度の導入を図る際には「常識」とされている指定管理料の支払いをマイナスにする、すなわち、自治体は指定管理者に指定管理料を支払わ

ずに（指定管理料ゼロ）、むしろ、行政が収益金の一部を納付金として受け取るという仕組みを表現したものである。

　行政財産である公の施設の管理運営は、民間を指定管理者とすれば、多くの場合、コスト削減に結びつくが、もともと独立採算を想定していないので、指定管理料を支払うことが「常識」となっている。しかし、今回、民間の発想から生まれたのは、「キャピタルコスト」（ここでは、施設を整備する資本支出）がゼロ（自治体が資金を負担）であれば、公共施設であっても、最大限に有効活用して、「市民財産」としての公共目的を達成しつつ、さらに収益を産み出すという手法、つまり、「民間の常識」であった。公共施設を、部分的ではあっても、特定の民間企業の収益事業の対象とすることは、公共性の担保とのバランスを図らなければならないことは当然である。しかし、掛川市は、より多くの市民が訪問し、利用する掛川城とその周辺施設に民間企業の発想を適用すること、そして、収益の一定割合は市に還元するという手法を生み出したのである。

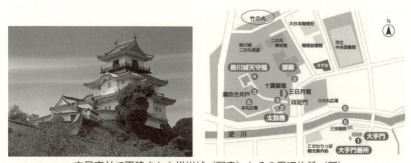

市民寄付で再建された掛川城（写真）とその周辺施設（図）

　業務委託でも、指定管理者制度適用でも、行政側からの「発注」によって成り立っていることは誰も疑問をはさまない。しかし、行政側が「仕様書」ないしは、「要求水準書」を示す時点で、それは、行政の発想に基づくものとなっているために、例え企画コンペ方式を採用

しても、民間の発想やノウハウを十分に引き出せていないことは、なかなか意識できない状況にある。

　掛川市の取り組みは、指定管理者の選定にあたって、従来の行政の発想を打ち破って、民間の発想を取り入れることを真剣に追求した結果であり、マイナス指定管理料という発想が生まれた点で、公共施設の運営に関して、大きな発想転換をもたらす可能性をもっている。

●市民の寄付によるまちづくりのシンボルであるはずが

　掛川城周辺は、掛川城天守閣の復元に合わせ、城下町としての風格や旧東海道筋の活力が調和した新しい城下町をつくろうと「駅北土地区画整理事業」と「城下町風まちづくり事業」が行われ整備された。掛川城天守閣は、日本初の本格木造復元の天守閣として総工費11億5,000万円、周辺整備は、土地区画整理事業が総工費99億2,000万円、城下町風まちづくり事業が7,000万円と実に111億4,000万円が投資されたのである。この投資によって、公共施設の未整備、地域経済の低迷と人口減少という既成中心市街地の衰退を象徴したような地区が、面目一新の城下町風のまちとして再生された。ここで確認しなければならないのは、この大きな投資は、地域の歴史文化を軸とした社会教育施設としての掛川城とその周辺施設の整備ではあっても、地域経済活性化のための観光振興施策としての目的、つまり「消費」と、「投資」の両側面をも持っていたという観点である。

　特筆すべきは、前述のように、掛川城天守閣の総工費の約40％が市民募金によるものであった。これは、市によれば、「安土桃山時代に山内一豊が掛川城天守閣を着工して以来400年、その復元に掛川市民が夢とロマンに燃えた郷土愛の結晶と言えるもので、市民のシンボルとして日々、威風堂々とその姿を見せている。」とされた。

　しかし、掛川城天守閣の年間入館者数をみると、復元初年度には49万人を記録したもののＮＨＫ大河ドラマの舞台となった平成18年の特

需（32万人）を除けば、年々減少傾向をたどり、近年は11万人程度で推移している。また、市民（市職員や議員でさえ）の意識は「話のタネに一度見れば十分」なレベルであり、市民のシンボル、本市まちづくりのシンボリックな存在とはほど遠いのが現実であった。

　掛川城天守閣、掛川城御殿、二の丸茶室は、市100％出資の財団である「掛川市生涯学習振興公社」が、竹の丸は「ＮＰＯ法人スローライフかけがわ」が指定管理を受け管理運営していたが、収支の状況は、料金改定があった平成23年度に赤字幅が圧縮されたが、それ以前は4～500万円の恒常的赤字が続き、観光振興という投資目的の観点からも、効果があったとはいえない状況であった。

　このような現状打破を考えた掛川城と周辺施設管理の担当者は、全国的に大きな話題を提供した佐賀県武雄市の図書館を視察した。そして、地方都市では、社会教育施設であっても、その魅力と集客性を高めることによる観光振興として、さらに、図書館整備を契機に武雄市に「移住」する市民も増加する傾向にあるという、まちづくりの観点からも、発想の転換が大きな効果をもたらすことを実感したのである。そこで、市民の寄付を集めた掛川城を軸に、民間のノウハウを大幅に取り入れる手法を検討し始めた。

　行政改革担当は指定管理者制度運用の抜本的な改革として、「入館料のみの収入構造で来客待ち」といった従来の公共施設運営から脱却し、新サービス開発と新収入構造を構築し、市民サービスの最大化で経費・投資を回収するという民間企業の経営スタイル・思想、損益視点を導入することで、サービス水準と採算性を向上させるというプランを「New Public Facilities Management」と名付けて、企画提案した。

　ところが、庁内の反応は、「大切な文化財を商業目的化するのか」、「行政財産と公共の福祉の増進を何だと思っているのか」という伝統的な社会教育的な視点からの反発であった。

●改革は、民間主導の「行財政改革審議会」から

　掛川市では、市長の諮問機関として、「掛川市行財政改革審議会」（行革新）を条例で設置している。この種の行政改革のための審議会は多くの自治体で設置されている。しかし、掛川市の行革審は、市長の諮問事項を検討するのであるが、「掛川市行財政改革プランについて」というような抽象的な諮問事項に対して、「事務局主導」での審議を行うというよりも、審議会が自らテーマを設定し、調査審議を行い、検討結論を市に提言するという、他自治体とは大きく違った、「民間主導型」の取り組みを行っている。

　今回の指定管理者制度運用改革も、行革審の審議の結果が大きな影響を与えた。

　その行革審が、市内部での堂々巡りの状態を鑑み、最終の検討結論を出す前ではあったが、検討の根底にある考え方や具体的なモデルの内容について提言を行ったのである。

　その内容は、公共施設の運営から経営への発想と仕組みの転換として、指定管理者の募集の仕方、選定の仕方、運営に関する市の関与のあり方、指定管理者の投資を前提とした運営や多様な収入構造の構築、チェックの仕方に関するものであり、完成形ではなかったが他の公共施設にも応用できるモデルであった。

　改革のコンセプトは「経営できる環境づくり」であるから、市の関与を最小限にすることに努めた。次のように、運用ガイドライン、募集要項、仕様書及び協定書は、基本的に「やってはいけないこと」と「リスク分担」など基本的なルールのみを示し、後は市が示す「業務要求水準」を満たすための事業計画を提案させるというモデルを示した。

【掛川市独立採算モデル】
　① 市の業務要求水準を設定したこと

・利用者数年間〇〇人以上
　　　・施設の利便性・美観・清潔感・接客態度に対する満足度〇〇％以上など
② 上記①を満たす内容は提案型にしたこと
　　　・事業計画（利用料以外に、新しい収入構造を企画するものを含む）
　　　・指定管理料（必要とする場合。その際、あわせて独立採算への移行時期を提案）
　　　・指定管理期間（投資回収期間、純利益期間を含む）
　　　・開館日数、休館日、開館時間
　　　・施設管理のための仕様（清掃、警備、事故対策、情報漏洩対策など）
　　　・利益還元がある場合、その内容
③ 指定管理者の投資行為を認めたこと（利益還元提案を含む）
　　　・新しい収入構造構築のための追加設備投資
④ 指定管理者の自己都合による撤退リスク対策を強化したこと
　　　・違約金、損害賠償金の単価を設定。（賠償の予定額を明確化）
⑤ 施設管理状況の評価は、業務要求水準の数値目標を絶対値としたこと
　　　・数値目標の達成＝経営マインド（決められたことを行う「管理」からの脱却）
⑥ 部分委託に関して、協働型委託を認めたこと
　　　・専有利用形態のみがある場合、その者にボランティア的な部分委託可
⑦ 独立採算、指定管理者の投資行為を予定した場合は「債務負担行為」議決での対応
　　　・指定管理期間を担保することで安定した経営（むやみに指定期間を担保しない）

⑧ 公募は制限を設けず競争性の向上を図る
　・市内業者に限る、下請けは市内業者を使うことなどの制限を一切撤廃
⑨ 選定基準は、利用者数の数値目標と収支計画を最重視
　・収支計画を絶対的に担保することで、実際の事業内容を洗練させる
⑩ 市の目的外使用の発想を転換
　・例）文化財施設の中で、飲食可、飲酒可、冠婚式典可、会合・会食可など

　このような発想転換の基礎になったのは、重要文化財としての保護・保存ができなくなる状況に対応しなければならないことであった。意識構造の転換をし、役所の視点ではなく、市民（お客様）視点の施設活用のために、それが例え商業ベースであっても良いという、これまでの発想を思い切って変えた指定管理者募集を行ったのである。
　その結果、募集説明会には11社が参集、実際の応募には５社（うち３社はコンソーシアムを締結したので、実質３社）が参加し、最も優れた提案と判断される静岡県浜松市に本社を置く民間事業者（ホテル経営）を選考することとなった。

●行政とは違う民間事業者からの提案と発想

　地元のホテルを経営する民間事業者からの提案は次のとおりであった。
＊開始後７年間で入場者数を現在の２倍（20万人）とする。
＊施設管理費6,200万円を、３年後に独立採算に移行。
＊したがって、指定管理料3,100万円を、初年度に1,200万円、２年目には600万円、３年目にゼロにする。
＊さらに、営業利益の1,400万円を投資で市民に還元する。

3年後には、指定管理料を受け取らないどころか、営業利益をマイナス指定管理料として、市民に投資として還元することを自ら提案したのであった。
　さらに、それらの原資を生み出すために、次にみるような新規事業を「10の付加価値」として打ち出した。

① 年中無休。21時まで営業。また、季節や歳時記に応じた開館時間延長
② エリア内の回遊性・滞在時間を飛躍的に向上させる仕掛け
　　・指定管理施設、直営施設関係なく共通パスポート券を発行
　　・市の地産地消を広げる掛川城内茶懐石料理、新オリジナルスイーツ、ランチバイキング、お茶・抹茶・ソフトドリンクを販売
　　・掛川城甲冑ウェディングの催し
　　・宿泊プラン&シャトルバスの運行
③ 指定管理施設以外の市直営施設を含んで「掛川城コンシェルジュ」を配置
④ 多国語による「施設音声案内システム」の導入
⑤ 体験・思い出づくり（写真撮影コーナー）のスペース設置
⑥ 歴史グッズ、特産品販売
⑦ 中心市街地で買い物されたお客様への優待券発行
⑧ レンタサイクル設置で中心市街地の回遊性向上
⑨ 図書館利用カードによる優待特典
　（図書館利用者は、掛川城エリア内施設で喫茶・甘味を楽しみながら読書可）
⑩ 日本伝統文化交流・教室（礼儀作法、マナー、落語、講談、坐禅、囲碁・将棋）
　他にも、

＊掛川城運営協議会の設置
　　　・掛川城と中心市街地が一体となってＴＭＯを実践し、地域経済を振興
　　　　（指定管理者、商店街、市民活動・ボランティア、商工会議所等の団体）
　　＊広報宣伝力
　　　・東京、静岡、愛知、三重に進出している強みを活かした戦略的な広報宣伝活動
などがあった。
　このような、行政では発想できない事業提案・手法であるが、この指定管理者となったホテル経営会社の担当者に話しを聞いたときに、強調していたのは、「滞在時間を延ばす」という発想であった。公園内のどの施設でも、新規事業の説明では、この事業・イベントで来客に対して30分あるいは、１時間の滞在を延長することができる、という説明があった。滞在時間が増えれば、飲食や買い物につながる。さらに、他の自治体で運営管理を受注している施設との組合せで、東西300キロに展開している静岡県の立地特性を活かし、宿泊を含めた観光行程を組むことができる。これによって、指定管理者として利益を還元しても、それ以上の効果が、本業としてのホテル業、観光業にもたらされる（宿泊者の増加）という発想であった。

●形式的な「公民連携・協働」を超えて

　掛川市としては、自治基本条例が施行された平成25年度を「協働元年」と位置づけ、行政改革の特徴を、市長マニフェスト・市政方針で明確にした「協働」とし、行革＝「協働社会・市民自治の確立」と位置づけている。行財政改革審議会が、月に２回というような頻度で、しかも、委員主導の議論で行政サービスのあり方を検討しているという背景もこのような姿勢の表れである。今回の指定管理者制度運用改

革も、この「協働」の理念に立脚している。公共サービスの官独占型供給を「協働型」に転換するためには、市が旧体制を維持したままでは不可能との認識から、大幅に市職員を減らし、公共サービスの供給体制が変わらざるを得ない状況をつくる。そして、市民、地域、企業、団体など多様な担い手がその主体性と能力を発揮できる環境を構築し、参画を促すという、いわば行財政のリストラ（再構築）が市行革の核心という戦略に基づき展開している。

　公民連携、市民協働という用語が、どの自治体でも使われるようになったが、冒頭に述べたように、行政側からの発想は、どうしても、「財源が厳しくなったので、市民や企業にも行政サービスの一端を担ってほしい」という本音の部分が見えることが多い。掛川市の取り組みは、公共施設でも、発想を転換すれば、民間企業として、キャピタルコストゼロの施設を公共財として最大限に活用しながら、自らの企業利益も追求できるという、いわゆる「ウィン・ウィン」の関係を築くことができることを実証したのである。

●収益を目的とした公共施設という概念も可能

　掛川市の取り組みを、同じ「お城」を舞台に、さらに「進化」させたのは大阪城公園のプロジェクトである。

　公共施設の管理運営には、当然のことながら、費用が発生する。そして、その費用負担を巡っては、受益者負担と税金による負担との「兼ね合い」が大きな議論となっており、利用料金の算出にあたっては、施設の性格（公益性と私益性、必要性と選択性など）の検討や、受益者の偏在をもとに、税金の補填の程度が議論されている。掛川城や大阪城のように、指定管理者制度による管理運営であっても、指定管理料を民間事業者に支払うのではなく、その施設の活用によって、指定管理料をゼロにすることも、さらには、納付金という収益を得る可能性がある事例も出現し始めている。

どのように、公共施設からの収益を考えるに至ったのか、収益を生み出しても公共施設として存在する可能性も追求すべきであるという発想を大阪城公園ＰＭＯ事業で検証する。

●社会教育施設よりも、観光施設としての位置づけからの出発

　大阪城天守閣を中心とした大阪城公園ＰＭＯ（Park Management Organization）事業は、指定管理者による管理運営を行いながら、指定管理料はゼロであるだけでなく、指定管理者が年間約２億3,000万円の「固定納付金」を大阪市に支払うほか、大阪城公園の運営からの収益の一定割合も「変動納付金」（事業者からの提案で、収益の７％、2,000万円から9,000万円を想定）として納付義務を負うことになっている。合計で３億円前後という巨額の納付金になる。指定管理者は、さらに公園の魅力を高める施設として、ミニテーマパークや物販・飲食施設を周辺の２つの鉄道駅前に建設することも提案している。おそらくは、億円単位の施設を自己資金で整備し、その施設を大阪市に寄附しながら、管理運営業務は自分たちの費用で行うという義務を負う「協定」を結んでいる。

　このような条件での管理運営を20年間にわたって続ける義務を負うのであるから、指定管理者に応募した企業グループも、その負担に見合う「利益」を想定したことになる。つまり、圧倒的な知名度と、年間150万人という入場者の実績、周辺施設との一体管理による観光需要の呼び込みは、年間数億円以上の「納付金」を支払った上でも、さらに、企業活動にとって価値があると判断されたということになる。これまでの「公共施設」としての発想からは、「管理運営費を最小限にする」という、税金を投じる事業との位置づけであった概念の転換である。事実、これまでは、大阪城天守閣は博物館類似施設として、大阪市博物館協会を指定管理者として、他の４館の博物館、美術館などと一緒に管理運営されてきた。その時点でも、大阪城天守閣には年

間150万人もの入場者があったので、1億円を超える納付金を大阪市に納入していたという（他の博物館、美術館は、入場料収入が管理運営費を大幅に下回る状況であったので、大阪市から指定管理料を得るとともに、天守閣の入場料収入のうち、管理運営費を超える部分を納入していたことになる）。

なお、納付金の2億4,600万円の算出根拠は、図表3－4にあるように、大阪市博物館協会の指定管理における2012年の大阪城天守閣納付金額（入場料収入から管理運営費を控除した額）に、大阪市から派

図表3－4：PMO事業における大阪市の収支

PMO事業における大阪市の収支（想定）

単位：千円

2012年度実績	収入	支出	収支
公園管理（直営）	226,000	441,000	▲215,000
天守閣（納付金）	137,000	0	137,000
音楽堂（直営）	15,000	19,000	▲4,000
合計	378,000	460,000	▲82,000

⬇

2015年度（想定）	収入	支出	収支
納付金	246,000（※1）	0（※2）	246,000（※3）

※1 魅力向上事業の実施などによる収益を、大阪市へ納付金として還元する。
※2 PMO事業の実施にあたっては、大阪市から事業者へ業務代行料を支出しない。
※3 大阪市への納付金の額は、PMO事業者からの提案額となっている。

出所：大阪市経済戦略局大阪城魅力担当作成の資料から作成

遣する学芸員の人件費を加えた金額とのことである。大阪市博物館協会による指定管理期間においては、同協会に派遣した大阪市職員である学芸員の人件費を指定管理料として支払っていたが、今回のPMO事業では、学芸部門を運営するために常駐させる学芸員（市職員）の人件費を、指定管理者の負担とした。

　行政からの視点で、公共施設を「社会教育施設（博物館、図書館、公民館など）」として捉えれば、教育目的なので、学校教育と同様に、原則として行政が責任を持つべき分野であり、当然のことながら、必要経費は税金で賄うという発想になる。したがって、収益を考えるなどは見当違いで、仮に、入場料、利用料を徴収するにしても、その施設の人的、物的な最低限の運営経費に充当するものであるというのが伝統的な考えであった。

　大阪城天守閣が今回のように、民間企業に、天守閣と周辺施設を一体化して、社会教育施設としての機能も十分に残しつつも、観光施設（集客施設）として最大限にその効果を発揮し、収益も得るという発想にいたったのは、この天守閣が文化財、社会教育施設としての側面を重視する教育委員会の所管ではなく、観光戦略を位置づける観光局の所管になっていた要因が大きい。自治体の部局も医療・福祉関連、教育関連、土木・インフラ関連、防災・防犯関連、地域コミュニティ関連など多くの部署など、様々であるが、その仕事の目的として、「集客」、「経済効果」を常に指標としている数少ない組織が経済関連部署である。

●政権交代を機に、従来の発想を超えた戦略を設定

　大阪市経済戦略局は、募集要項のなかで、この大阪城公園PMO事業の趣旨を「大阪府とともに平成24年12月に策定した『大阪都市魅力創造戦略』の中で、大阪城公園を重点エリアのひとつに位置付け、水と緑豊かな市民の憩いの場である都市公園であるとともに、歴史的文

化的資産が集積する特別史跡であること、また、大阪を代表する観光地のひとつであることの特徴を活かし、新たな魅力を備えた世界的な歴史観光の拠点として管理運営及び整備を推進することとしています。大阪城公園の世界的観光拠点化においては、『大阪都市魅力創造戦略』における、『民が主役、行政はサポート役』との基本的な考えのもと、民間事業者の柔軟かつ優れたアイデアや活力を導入し、世界的な歴史観光の拠点に相応しいサービスの提供や、新たな魅力の創出を図ることとしており、そのために、民間事業者が総合的かつ戦略的に公園全体と公園施設の一体管理を行う『パークマネジメント事業』を大阪城公園に導入します」としている。

そして、この「事業効果」として、「民間事業者の優れたアイデアと活力を活かした、PMO事業者による魅力向上事業による利用者サービスの向上。PMO事業者による事業収益を公園全体の管理運営に還元し、一体的マネジメントにより維持管理し、本市からの代行料に依らない管理運営を行う。さらに収益が上がった場合は、その収益の一部を大阪市へ納入させること」を期待した。

従来の発想を超える、この戦略は、募集要綱に述べられている。大阪府とともに策定した「大阪都市魅力創造戦略」(平成24年12月)での位置づけとしているように、2015年の大阪市民による住民投票の結果において、僅差で実現しなかった「大阪都構想」の一環として、東京の一極集中に対抗する、大阪府と大阪市を一体化した自治体としての機能強化の目玉事業としても企画されたものであった。政権交代は、自治体においても、従来の発想を大きく変える契機になる可能性を示した事例ともいえる。

●民間事業者だからできる発想

大阪城公園PMO事業の公募に対して、多額の納付金と億単位の施設建設を伴う管理運営を引き受けることとなった事業者からの提案に

はどのような内容が含まれていたであろうか。

　提案のあった事業内容は次のように示されている（大阪市経済戦略局大阪城魅力担当作成資料から）。

① 旧第四師団司令部庁舎（もと大阪市立博物館）
　　大阪城を訪れる観光客をはじめとした多くの方々を満足させる、大型利便施設。
　　1階…物販、カフェ、レストラン
　　2・3階…パーティースペース、国際会議場、多目的スペース
　　屋上…テラス（カフェバー、緑化）　地下…レストラン
② 大阪迎賓館
　　パーティースペースとして活用、通常はカフェ、レストランとして活用。
③ 元音楽団事務所
　　PMOの拠点となる総合事務所として活用、パークコンシェルジュなど観光案内機能を充実させる。
④ 大阪城公園駅前エリア
　　サムライ体験テーマパーク
　　歴史体験できる施設、本丸、天守閣に通じる動線として、大阪城の持つ歴史的文化的魅力を増幅させる施設。
　　仲見世事業
　　江戸・上方を再現した店舗による物販・飲食事業。
⑤ 森ノ宮駅前エリア
　　森の屋台村
　　公園の景観に配慮しながら仮設のテントを用いた屋台群、テーマを変えながら魅力を創出。世界中の文化・歴史を体感。
⑥ その他事業
　　公園内外をつなぐルートと園内ルートでの巡回バス事業、重要

文化財をめぐる櫓めぐりの道事業、ランニングステーション。
⑦　大阪市への納付金
　　事業収支の中から基本納付金として、固定額（2億2,600万円）を大阪市に納付する。さらに、大阪城公園パークマネジメント金事業の収益から、7％（約2,000万円〜9,000万円）を変動納付金として還元。

　このように、施設のさまざまな性格に沿った、集客力を上昇させるような魅力的なプログラムを検討しているが、これを行政の事業として検討していたら、事業採算性や複数の担当部署間の調整、負担区分の調整等で、簡単には実現できないものであることは明らかである。ここに、民間のノウハウを活用するメリットが現れている。
　しかし、単純に指定管理者の要求水準書が出来上がったわけではない。市役所としても、一定の収益は見込めるものの、その収益を最大化するために、どのような投資をするかという観点はなかなかもちにくい。
　そのために、大阪市がとった手法は、事業公募の前年に事前提案として、いわゆる「サウンディング調査」であった。大阪城公園は、天守閣を中心としつつも、土地は国有地であること、国の特別史跡大坂城跡としての認定を受けていること、都市公園という性格などの制約を乗り越えるために、まず、民間事業者に自由に提案をしてもらい、実現可能性を探ることから始めたのである。
　事前提案においても、大阪市の「本気度」を示すために、企業には、「本提案に反映させる」という意思をはっきりと示し、大阪市事前提案をもとに、省庁とも協議しながら、募集要項を精査していったという経緯がある。
　また、指定管理者制度の適用に関しても、業務委託やＰＦＩ等の手法も検討したが、複数の施設を一体的に管理運営することでの魅力向

上の効果を達成することで指定管理者制度以外には適用制度がないことで決定した。しかし、大阪城公園ＰＭＯ事業を構成する施設の管理が、公園の管理は建設局、天守閣の管理は経済戦略局、音楽堂の管理は教育委員会、というように、複数の部局の管理にまたがっていたので、それぞれの設置（管理）条例を改正し、指定管理者制度の適用を可能にした。

●民間事業者が公共施設を活用する際の利点

　市役所の側からは、民間事業者のアイデアや活力を導入するという方向が明らかであったが、応募する側の民間事業者には、巨額の納付金を納めてでも事業展開をすることに対して、どのようなインセンティブがあったのであろうか。

　大阪城公園においては、企業知名度の向上という側面も一部にはあったであろうが、事業者として指定された組織名は、「大阪城パークマネジメント共同事業体」（構成企業：株式会社電通、讀賣テレビ放送株式会社、大和ハウス工業株式会社、大和リース株式会社、株式会社ＮＴＴファシリティーズ）ということで、ネーミングライツのように、企業名が正面に掲げられることはない。したがって、知名度が高くて集客機能に優れた施設群という特殊事例ではあるが、多額の負担を前提にしても、なお、収益が見込めると判断した理由を検討する必要があるだろう。

　20年にわたる管理運営を収益事業として検討したときに、第一にあげられるのは、自らの投資で施設を建設したのではないために、「減価償却費」が発生しないことであった可能性が高い。民間企業の発想の基本は、「利益」を生み出すために、投資家から資金を調達し、一定の施設・設備を整備し、従業員を雇用するのであるから、施設設備の減価償却額はコストの多くを占めることになる。したがって、公共性という一定の制約があるにしても、減価償却額がゼロ、もしくは、

明らかに市場価値より低い「納付金」の範囲であれば、事業参加へのインセンティブになることは間違いない。さらに、企業からみれば、自ら建設し管理運営する施設を大阪市に寄付することにより、固定資産税がかからないことも負担軽減の大きな要素になる。

多くの公共施設における民間事業者の活用は、指定管理者にしても、業務委託にしても、かかる費用を削減する目的が第一になっている自治体が多い。ここにはそもそも民間では利益が見込めないために、投資を行わない「公共施設」だから、市民の需要に応える公共目的なので、税金の投入は当然であり、出来るだけコストは抑えるにしても、採算性はもとから考えない、という発想が透けて見える。

しかし、有形、無形の資産価値を明確にすれば、民間事業者のインセンティブを取り込んで、効果的、効率的な公共施設運営を実現することは、十分に可能性が広がることになる。ここでも公会計改革で、固定資産台帳をもとに現時点における資産価値を明確にする必要があり、その価値を収益額として具体化するという課題が見えてくるのである。

6 学校施設の最大限活用としての体育館とプール機能の見直し

論点 学校施設の稼働率は、夏休みなどの長期休暇、土日休日、昼間時間帯のみの利用を考慮すると、時間とスペースの最大限活用からみれば、10％程度と推計できる。公共施設の約半数をしめる小中学校の「空き時間・空間」の活用は、公共施設マネジメントのもっとも重要な課題である。一方で、学校体育館は避難所として指定されながらも、その設備は非常に貧しく、一晩程度であればともかく、大規模災害の時は、「悲惨な収容所」になる可能性も高い。トイレ、シャワー、更衣室、備品庫を備えれば、避難所としての機能を格段に高めるとともに、日常的には、総合型地域スポーツクラブの拠点としても活用できることになる。また、多くの学校に設置されている屋外プールは、年間の利用期間は3週間程度であり、最も非効率な施設となっている。なぜ、学校プールが設置されているのか、複数の学校で屋内プールを共用すれば、コスト面でも市民利用でも画期的な効果を生む可能性がある。学校施設の活用について、これまでの発想を転換する必要がある。

●改善が必要な避難所としての学校体育館

　平成26年8月20日に広島市安佐南、安佐北地区などをおそった土石流は、死者が70名以上という惨事をひきおこし、避難勧告・指示の対象者は同月30日までに15万人という未曾有の大災害となった。深夜、突然に命を奪われ、また、住居・財産を奪われた方々には、心からお悔やみとお見舞い申し上げたい。

　この大災害ついては、過去の災害からの教訓、都市開発の問題、危

険地域の指定や周知、避難勧告・指示のあり方など、多くの論点があるが、ここでは、公共施設マネジメントの観点から、避難所として使われていることの多い学校体育館のあり方について、少しでも、ストレスを少なくする方策について検討し、予算に、反映されるような「提案」としたい。

　地震や津波はもちろん、この数年、「異常気象」が常態化し、毎年のように大規模災害が起こる可能性が高くなっている。平成26年の集中豪雨による被害は広島だけでなく、福岡や北海道など、他の地域でも大きな被害をもたらした。気象庁も、こうした集中豪雨に「平成26年8月豪雨」と名付けたほどである。伊豆大島での土石流で数十人が命を落とし、住居を奪われたのが、平成25年10月の出来事であることを想起すると、これらの大災害が、ほぼ確実に「地球温暖化」の影響であり、これから、ますます多くの異常気象による災害が起き、それが続く可能性が高いことは、多くの人々の共通認識となりつつある。

　東日本大震災でもいわれた、「想定外」に対する対応の必要性は、大型台風や集中豪雨による災害が、沿岸地域や河川流域、急傾斜地だけでなく、「ゲリラ豪雨」や竜巻なども含めれば、どこでも家屋（住居）が甚大な被害を被り、一時的にでも住居を離れた「避難生活」を余儀なくされる事態を想定せざるを得ない状況になっている。多くの場合は、避難所として、小中学校の体育館や公民館等が指定されているが、一昼夜程度の避難であれば何とか過ごすことはできても、数日から数ヶ月を過ごすことを余儀なくされたときは、災害による直接的な被害と同時に、トイレ等の設備の不備による身体的な変調や、プライバシーが侵害される心理的なストレスなどによる間接的な被害が増大する。

　避難所として、一昼夜以上の使用機会が増えることが多くなることが想定される以上、滞在に耐えうる最低限の施設設備のあり方、防災無線等の設置による避難情報の連絡手段確保、応急医療介護設備の設

置などを検討しなければならない。さらには、防災対策として地域内の公営住宅や民間住宅の空き状況をリアルタイムに把握して、迅速な仮住居の提供を行うなどの対策も、仮設住宅の設置と同時に具体化しなければならないだろう。

●学校以外には難しい既存施設活用の避難所設置

　この避難状況について、平成26年8月30日の「朝日」デジタル版によれば、「広島市によると、ピーク時（22日午後6時）に2,354人いた避難所の被災者は、30日正午時点で1,123人になった。家が全半壊した被災者向けに、市は公営住宅や民間提供の住宅など733戸を確保。29日までに157戸の入居者が決まった。市内のホテルなどを借り上げ、短期間の無償提供も始めた。一方、避難所に残る人の対応も課題となっている。11避難所のうち9カ所は小学校で、市立梅林小学校を除く8校は9月1日までに再開する。一部の学校は避難者を受け入れたまま授業を始める。被害の大きい安佐南区八木地区にある梅林小学校には、避難者の4割にあたる約500人が身を寄せており、授業再開のめどは立っていない。」とあった。

　このように、災害時の避難所として、もっとも多く使われているのが、学校体育館である。なぜならば、市民生活に直結している基礎自治体（市町村）が設置している施設で、雨風を防ぐことができ、高床で、当面の利用人数制限を考えずに開放できる空間は、学校体育館以外には、用意できていないのが現状だからだ。仮に、避難所専用の施設整備を図るとしても、いつ起こるかわからない災害に対して、一定規模以上の施設整備、日常的な保守管理や災害時での活用マニュアル整備や避難訓練なども含めて、大きな投資となる。新たな施設整備という投資は、現在、多くの自治体において、喫緊の課題となっている公共施設マネジメントの方向（多機能化・総面積縮小等）との整合性が問われることにもなる。

●避難所として絶対に必要な洋式トイレ、シャワーなど

避難所として数日間以上の期間を想定すると、最低限の施設設備としては、どのような機能が考えられるであろうか。

まず、絶対に必要なのは、トイレとシャワー室、更衣室、防災無線などの連絡装置である。多くの学校体育館では、体育授業での使用を想定し、トイレと更衣は校舎で行うことが前提になっているので、トイレと更衣室は設置されていない。一部には、入学式や卒業式、学芸会等の全校行事での使用を想定したトイレの設置はあるものの、これらの催事には使われないシャワー設備はほとんどない。ところが、避難所として、もっとも必要となるのが、洋式トイレ、シャワー・更衣室である。

8月29日の「日経電子版」では、「広島市の土砂災害で、避難所生活を送る住民23人のうち4分の1を超える6人に、『エコノミークラス症候群』の兆候とされる血栓が静脈中にできていたことが29日、新潟大大学院講師の榛沢和彦医師らによる検診で分かった。(中略) エコノミークラス症候群は、長時間座ったままなど同じ姿勢を保つことで足や腕がうっ血し、血栓ができる症状。一般的に血栓の発生率は4％程度とされており、10％を超えるのは異常な状態という。検診は8月26〜28日の3日間実施。(中略) その結果、65歳以上の女性6人の足の静脈に血栓が見つかり、中には特に注意が必要とされる『浮遊血栓』だった人も複数いた。血管を流れて肺に詰まると肺塞栓症から呼吸困難になり、脳に入ると脳梗塞を引き起こす恐れがある。エコノミークラス症候群は2004年の新潟県中越地震のほか、東日本大震災の被災地でも多発。車中泊や避難所暮らしを続ける被災者に高い割合で発見された。水分摂取と適度な運動で予防できるとされる。」と報じられていた。

さらに、8月28日放送の「NHK総合おはよう日本」のニュースでは、「検診にあたった医師は、トイレが和式で足腰が弱い高齢者はト

イレを我慢してしまう。さらに固い床に薄いマットを敷いただけの環境は腰痛の悪化も引き起こす。避難所の環境が中越地震の時と変わっていないと指摘し、一刻も早い改善が必要だと語った。」との報道もあった。

さらに、着替えのための更衣室もない状況に、体育館の角に、カーテンで仕切った「更衣スペース」を設置したとも伝えられている。

●避難所対応の設備は日常的なスポーツ活動にも使用可能

平成7（1995）年の阪神淡路大震災でも、水道の停止で、避難所となった学校の水洗トイレが流れずに詰まり、マンホールの蓋を撤去して、その上に簡易トイレを設置した事例や、自衛隊の支援で喜ばれた対応の一つに仮設風呂の設置があったことなど、冷暖房機能もないことも含めて、課題が指摘された。しかし、長期にわたる避難所での生活は「例外的」な震災に伴う事例との認識があったためか、避難所としての学校体育館に整備すべき必須設備の検討は十分に行われなかった経緯がある。

ところが、前述のように、近年は「異常気象の常態化」が懸念されるようになったため、学校体育館の機能を見直す必要が迫られている。

避難所としての機能として考えられた事例ではないが、スポーツ活動の拠点として、避難所機能という面でも、理想的な施設設備を備えた体育館が整備された事例がある。

愛知県半田市の成岩中学校では、老朽化した学校体育館を建て替える際に、この体育館を学校施設ではない社会体育施設として、体育館とクラブハウスの複合施設を建設した。そして、この中学校体育館を活動拠点としていたＮＰＯ法人「ソシオ成岩スポーツクラブ」を指定管理者として、スポーツ教室の企画・運営も含めて管理運営を託した。中学校は、最優先でこの施設を体育の授業や学校行事に使用する

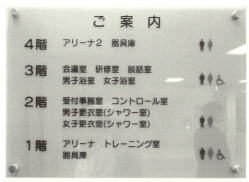

成岩中学校体育館に併設されたクラブハウスの案内板

が、それ以外の時間を市民に開放するという事業内容となり、バスケットのコートが2面とれる広さのアリーナとともに、スタジオと屋上テニスコート（フットサルなどにも使える）も設置し、併設したクラブハウス内には、ラウンジ、会議室、交流室、広い浴室が整備されている。

　平成15年に整備されたこの体育館は、10年以上を経た現在も、地域のスポーツ活動の拠点として、大きな成果をあげている。このような、本格的な学校体育館（成岩中学校の場合は、社会体育施設として整備）は難しいが、既存施設に、コンテナハウス的な付属棟を設置し、更衣室、温水シャワー設備、トイレ、事務スペース、災害備蓄庫などの設備を組み込む程度であれば、それほどの改修と費用負担にはならない。現在、多くの学校体育館と校庭が、夜間や土日、祝日に、地域のスポーツ活動に開放されているが、ほとんどは、「利用団体協議会」のような登録団体の管理下におかれ、一般住民はほとんど利用できる時間帯がないのが現状である。利用団体も、更衣室やトイレ、シャワーも使えない不自由を甘受している。

　災害時の避難所としての機能を付与するということで、既存登録団体の若干の利用時間やスペースの調整で、一般住民も利用する手法も

可能になるのではないか。そのために、近年、多く設立されている「総合型地域スポーツクラブ」を管理者にすることも検討できるであろう。更衣室やシャワーの利用には、一定の使用料を設定することにより、維持管理費の一部も賄うことも可能になるかもしれない。スポーツ活動は、日常的に幅広い住民の参加が可能となる、組織的な活動である。その活動の中核となるのが総合型地域スポーツクラブであるが、スポーツ活動には、スポーツを行う「場」が必須であるにもかかわらず、その「場」の確保ができずに、活動が十分に展開できない事例が多い。学校施設を授業時間帯以外に、スポーツ活動に、トイレ、更衣室、シャワー施設等の設備とともに共用することが可能になれば、地域コミュニティの中核組織としても活動が展開できるであろう。

　さらに、「クラブハウス」のように、事務室や交流室も備えた施設（下の写真は、クラブハウス内の交流施設。キッチンもあり、災害時にも大きな役割を果たすことができる）を併設することができれば、スポーツクラブは、日常活動を通じて災害時の避難所使用のコーディネーター機能も果たすことが期待できるであろう。

日常でも災害時でも大きな役割を果たす設備。
他の地域での普及が望まれる。

●学校のセキュリティは「閉鎖型」で確保できるのか

　学校施設を災害時の避難所としての機能の面から検討してきたが、そもそも、学校施設の面積は当該自治体の公共施設総面積の半分ほどを占めるのが一般的であり、学校施設に、公民館などの機能を組み込むことが公共施設マネジメントの主要なメニューとして、考えられてきた経緯がある。

　しかし、教職員や父兄から、「学校施設を開放すると、セキュリティが保てないので、絶対に認められない」という反応が返ってくることが多い。その理由として、あげられるのは、かつて、大阪府の池田小学校での児童殺傷事件である。この事件によって、「学校に不特定多数の出入りを許すと、事件が起こったときの責任はだれがとるのか」という論理で、学校施設の活用案の検討が終わってしまうことが少なくない。

　学校における児童・生徒の安全確保は最重要課題であることは確実であるが、その安全確保の手段として、部外者の立ち入りを否定することが唯一の手段かどうかは、十分に検討する必要があるだろう。

　児童生徒が在校し、学校の門が閉じられている時間帯を調べると、小学校の場合、午前8時を中心に20分から30分ほどの開門時間で、その後は施錠し、午後3時半から4時くらいが下校時間になることが多いようだ。それ以外の時間帯、つまり、夜間や土日休日は、教育の場として部外者の立ち入りが許されないクラスルームや教員室、資料室以外は、児童生徒がいないので、地域住民への施設貸出はできることになる。また、授業時間中は施錠され、入退去が必要な時は、インターフォンなどで、限定された出入り口でチェックされることになることも多い。この様な厳重なチェックを前提にすれば、入口で利用者のチェックをすることにより、授業に支障のない施設の貸出は可能という真逆の発想も可能になる場合もあるだろう。

　児童生徒のセキュリティ確保は最優先の課題であるが、それは、在

校時の授業関連スペースに限定される。平日の午前7時半から午後4時半の9時間を在校時間と仮定すると、学校施設の最大使用可能時間を早朝から、夜間を想定することで、平日でも授業時間に匹敵する9時間くらいは開放可能ということになる。1週間7日のうち土日の2日間は、終日の開放が可能である。さらに、夏、冬、春休みの期間は約2か月に及び、その他に国民の休日や年末年始も終日の開放が可能である。このように考えると、学校施設の開放可能な時間の割合は、おおよそ、年間時間の5割以上に及ぶ計算となる。

セキュリティの確保は最重要であるが、学校施設の区画と期間・時間帯を考えれば、学校開放は十分に可能ということになる。

災害時の避難所機能を果たす観点からは、トイレ、更衣室・シャワー室、物品保管庫という最低限の設備の設置から、クラブハウスの併設まで、機能と規模には、様々な段階が考えられるが、それらの施設・設備は、スポーツ活動などに日常的に活用することで、地域コミュニティの中核施設としても、機能を発揮し、その存在が確認できることになり、災害対策時の予行的役割も果たすことができる。

地球温暖化の影響が、ますます深刻になることが予想されている現在、「避難所の悲劇」を緩和するためにも、予算に、学校施設への施設設備整備事業を盛り込んでいただきたい。総務省の「平成26年度地方債計画」には、「緊急防災・減災事業について」の対象事業として、「防災の拠点となる施設（地域防災センター等）の整備」がリストアップされ、財政措置として、地方債充当率100％と「元利償還金について、その70％を基準財政需要額に算入」とされ、事業年度は平成26年度から28年度とされたこともある。

災害対策としての必要最低限の設備を備えた避難所が確保できれば、その運営方法は、試行錯誤の中から、地域の実情の適した方法が見いだせるはずである。

走りながら、決断し、評価し、修正し、また実行する。それが、自

治体における公共施設マネジメントの手法でもある。

●合理的な設置理由が見つからない「学校プール」

現在、わが国の学校にはプールが設置され、水泳の授業が必修となっていることに疑問をもつことはほとんどない。事実、公立の小中学校におけるプールの設置率は図表3－5に示すように、小学校で87.0％、中学校で72.4％と非常に高い。

図表3－5：公立の小・中学校における水泳プールの整備状況

学校区分	学校数	整備校数	整備率
小学校	22,607	19,676	87.0％
中学校	10,190	7,376	72.4％

出所：文部科学省調べ（平成18年5月1日現在）

しかし、例えば韓国の学校体育の施設の状況（2010年12月、韓国教育科学技術部調べ）によると、韓国の小中学校のプール設置率は小学校1.3％、中学校0.9％となっている。統計的なデータで確認してはいないが、アメリカ（カリフォルニア州）に滞在した経験からも、小中学校にプールが設置されている事例は見られなかった。海外の学校では、設置されていること自体が極めて例外のようである。

なぜ、日本の小中学校ではプール設置が標準とされたのであろうか。設置推移をみると、昭和38（1963）年の学校プール設置率は12％であるが、昭和44（1969）年には28％、昭和50（1975）年には52％となり、昭和40年～50年にかけて急速に整備が進んだことがわかる。多くの公共施設が集中的に整備されている時期と重なる。

急増の要因として、昭和30（1955）年5月11日に起こった紫雲丸沈没事故により、修学旅行中の児童生徒168名が死亡した大惨事が、日本における学校プール建設と水泳授業が広まる要因となったという説

がある。この要因を著した論文の引用が多く行われたために、定説となっているようである。しかし、後述のように、授業を通した児童生徒の「泳力」確保への積極的な取り組みは制度化されていないのが実態であり、一つの論文の引用の積み重ねによって「事故防止のための泳力向上」という図式が定説化されてしまった可能性もある。

　事故後の国会での議論（昭和30年5月14日第22回国会文教委員会）によると、「児童の生命をあずかるためには、教師自体が相当の水泳の指導の訓練を受けたのでなければならない」という発言があり、児童の泳力そのものよりも、引率する教員の泳力が問題視されているという記録もある。

　つまり、急速に学校プールの整備が進んだのが昭和40（1965）年以降であることに注目すると、東京オリンピック（昭和39年）の開催を

図表3－6：学校プール設置数及び設置率の変遷（国公立・私立の小中高）

学校プール設置数

	昭和38年	昭和44年	昭和50年	昭和55年	昭和60年	平成2年	平成8年	平成14年	平成20年
学校数	43,739	41,108	40,347	40,933	41,624	41,608	41,247	40,439	38,634
プール個数	5,377	11400	20863	25475	28707	31281	31644	31289	28959
設置率	12%	28%	52%	62%	69%	75%	77%	77%	75%

出所：体育・スポーツ施設現況調査及び学校基本調査データより作成

前にした昭和36（1961）年に「スポーツ振興法」が制定され、スポーツ施設整備と選手強化を促進するという法の主旨を受けて、国による学校プール建設に対する補助が定められたことが、急増の主因であると想定できる。

　文部科学省の「学制百年史」でも、学校の水泳プールは、「全国の小・中学校および高等学校で二十三年にはわずか一、六九一校に設置されているにすぎなかったが、三十六年から国の積極的助成に伴い急速に整備が促進され、四十六年には一万四、四八九か所に達している。」（第二章第九節一）との記述がある。

●学校プールの存在と水泳授業とのアンバランス

　整備されたプールを活用することで成り立つ学校教育における水泳授業とはどのように規定されているのか。小学校学習指導要領における「体育」としては、当初は「その他の運動」とされてきた水泳が、昭和43（1968）年の改訂により、それまでの主要な領域とされてきた体操、器械運動、陸上運動、ボール運動、ダンスに加えられて主要学習内容の一部となった経緯がある。ここにも、プールの整備が進んだために、追加されたという動きがある。

　プール整備によって、位置づけがなされた「水泳」であるが、現行の小学校学習指導要領の示す各教科の授業時数では、体育の時間数は学年により90～105時間と明記されているが、水泳授業の時間数は明記されていない。平成23年の学習指導要領改訂に合わせて文部科学省が作成した「小学校体育（運動領域）まるわかりハンドブック」では、2年間で20時間の水泳指導計画の例示を行っているが、これを受けた各都道府県などが作成する年間指導計画作成例も、埼玉県で8～10時間、千葉県で10時間というように、統一されたものではない。さらに、小学校設置基準においても、プールは必置とされていないことから、水泳指導は授業としては特段の位置づけがないことがわかる。

このように、学校教育上は明確な位置づけのない水泳指導を行う施設として整備されたプールであるが、実際に、どの程度の利用が図られているのであろうか。

平成20年の国公立・私立の小中高等学校施設におけるプール保有数は28,959であるが、内訳は屋外プールが28,171（97.3%）、屋内プールが788（2.7%）となっている。屋外型プールでは気候の制約を受けることから、水泳授業は一般的に、「夏」の6月中旬から9月上旬に実施される。しかし、当該期間でも天候によってプールを使用しないことから、実質的な使用期間は3週間程度と稼働率は非常に低い状況にある。また、水泳指導の授業の質という観点からも、全科目の指導を担任教員が行う小学校において、短い期間と時間に、どれだけ効果的な水泳指導が行われているのかについては、検証が必要であろう。

●コスト面からみた学校プールの改革方向

学校教育内容からも施設設置基準からも、明確な位置づけのない学校プールであるが、その設置・運営コストはどのようなものであろうか。

愛知県西尾市（人口約17万人）では公共施設再配置計画における学校教育施設の長寿命化事業の関連資料として、「小中学校プールコスト等一覧表（H26年度実績）」を公開している。このプールコスト一覧より、プールの稼働率が高いと見込まれる児童数が700人前後で、20学級程度の5校を抜粋し例示すると、屋外プールの管理運営における1年間のLCC（ライフサイクルコスト）平均金額は表3－8のように、約700万円で共通していることが分かる。年間施設LCCは、児童数によらず、570万円程の固定費として共通しているので、利用状況による変動費である年間運営LCCを加えた700万円という金額は小学校としては上限とみなすこともできる。

図表3-7

小中学校名	築年	児童数	クラス数	特別支援	プール規模	プールLCC(円／年)①+②	施設LCC(円／年)①	運営LCC(円／年)②=③+④+⑤+⑥	水道使用量③	ガス代④	水質検査料(円)⑤	プール用消毒用薬品(円)⑥
西尾小学校	S56	714	21	2	25m×6コース・低学年用	6,962,658	5,771,171	1,191,487	966,569	62,846	39,280	122,792
花ノ木小学校	S46	687	20	4	25m×6コース	7,453,706	5,771,020	1,682,686	1,517,802	28,992	39,280	96,612
八ツ面小学校	S44	628	19	2	25m×6コース	6,628,083	5,771,020	857,063	694,612	26,389	39,280	96,782
鶴城小学校	S57	724	22	4	25m×6コース・低学年用	7,041,892	5,771,171	1,270,721	1,105,636	29,193	39,280	96,612
矢田小学校	S46	730	21	4	25m×6コース・低学年用	6,874,821	5,771,020	1,103,801	950,346	27,348	39,280	86,827
平均						6,992,232	5,771,080	1,221,152	1,046,993	34,954	39,280	99,925

※1 「施設LCC」：施設の建設から改修、解体にかかる総額を施設の目標耐用年数（50年）で除した、1年当たりの平均のコスト
※2 「運営LCC」：学校プール授業の実施に必要なコスト（平成26年度実績、人件費除く）

出所：西尾市HP　小中学校プールコスト等一覧表（H26年度実績）

　西尾市小中学校プールコスト等一覧表より用いた金額から1学級あたりのコスト平均額を算出したものが図表3-8の金額となる。小学校1学級が1年間（10回程度）の水泳授業を行うためには、約34万円の費用が発生すると考えられる。

図表3-8　1学級あたりのコスト

プールLCC(円／年)①+②	学校数	1学級あたりのコスト	1学級あたりのコスト平均額
6,962,658	21	331,555	
7,453,706	20	372,685	
6,628,083	19	348,846	340,109
7,041,892	22	320,086	
6,874,821	21	327,372	

　一方、個別の小学校にプールを設置する以外に、水泳指導を行う方法として考えられるのは、年間を通じて使用できる屋内プールを複数

第3章　公共施設マネジメントを事例から学ぶ　177

の学校が共用して、夏期だけではなく年間を通して活用する方法である。全国にいくつかの事例があるようであるが、広島県の北広島町では、公共プールの老朽化に伴う建て替えと、小学校の改築や統廃合が重なったこともあり、地域センタープール整備を行った。整備費の資料もホームページで公開されていたので、そのデータをもとに、年間施設LCCと運営LCCを想定して、10校が共同で使用する屋内拠点プール方式のコストを計算した。

　施設LCCは建設費（３億6,000万円）及び改修、解体（4,780万5,000円）にかかる費用を50年で除した額である815万6,000円とする。なお、解体費は３万5,000円/m^2とし、延べ床面積に乗じて算出した。また、運営LCCは北広島町が算出した光熱水費に保守費を加算した1,851万円とした。この拠点方式では、10校がそれぞれ20クラス構成と仮定して、200クラスで割ると、１クラス当たり13万3,330円となった。共用施設であるので、各学校から拠点プールへの移動はバスで行い、バス運行にかかる費用は、平成26年３月26日公示の一般貸切旅客自動車運送事業の運賃・料金（関東運輸局管内）の下限料金をもとに、往復３時間＋点呼点検時間２時間の５時間（5,310円×５時間）と走行距離を往復10km（120円×10km）として算出した２万7,750円を、１回２コマ×５回実施すると考え、１クラス当たり年間13万8,750円とした。指導員は１クラス40名に対し、４名を配置し、時間単価を3,000円とすると、年間10時間の授業で、１クラス当たり12万円となる。

　また、この他に、千葉県佐倉市では、平成25年に老朽化によりプールが撤去された２校において、市内民間フィットネスクラブに市から水泳指導の業務委託を行い、民間プールを利用し水泳授業が実施されている。佐倉市では、水泳指導にかかる委託料は、２校分（合計47クラス）で年間940万円であり、移動はバスを使って行われ、両校ともに15分程度の移動時間が必要となるため、授業は１回につき２コマ×

4回で、年間8時間となっている。

　佐倉市の民間委託料をもとに、1クラスあたりの年間コストを算出すると、940万円の委託料を47クラス（2校分）で割ると20万円となる。この場合の授業時間数は8時間なので、他の事例の10時間との比較で、単純に換算する1回2コマ×5回行うものとして25万円となる。

　このように、学校ごとに屋外プールを設置して夏期のみの水泳指導を行う場合、屋内プールを設置し、複数の学校で年間を通して共用する方式、さらには、民間のプールに施設利用と水泳指導を委託する方式の3方式を比較すると図表3－9のようになる（拠点プールの活用方法として、水泳指導のみを外部委託する方式も加えた）。

図表3－9：水泳指導における施設形態、指導形態による比較

プール施設	施設LCC	運営LCC	合計LCC	クラス当りLCC	専門的指導	バス運行	クラス当り年間コスト
学校プール（屋外）	5,771,080	1,221,152	6,992,232		×	×	340,109
	5,771,080	1,221,151	6,992,232		120,000	×	420,109
拠点プール（屋内）	8,156,000	18,510,000	26,666,000	133,330	×	138,750	272,080
	8,156,000	18,510,000	26,666,000	133,330	120,000	138,750	392,080
民間プール（屋内）					250,000（施設利用料込み）		250,000

　図表3－9から分かるのは、屋内拠点プールと民間プール活用は、ともに、個別屋外プールにおける水泳指導よりもコストが安くなる可能性が高いことである。拠点屋内プールの場合は、学校の指導時間以外は、土日休日も含めて、地域開放できるので、さらに運営LCCのコストが下がる可能性が高い。この試算は、一定の条件をモデル化したので、正確なコスト比較とはならないが、拠点屋内方式や民間プール

活用の合理性の方向を示すには十分な検証といえるだろう。

●学校プール跡地の活用で、財源を生み出す

　ここまで、学校プールを設置して水泳指導を行うという一般的な形態について、そもそもの水泳指導の必要性から、どのような施設を使うのかを、コスト比較も含めて検証を行ってきた。

　結果は、学校ごとに設置されている屋外プールの活用は、利用期間・時間が極端に短くて、安定した水泳指導にも支障があり、コスト的にも問題が多いこと。複数校の共用施設としての屋内プールを設置すれば、気温や天候に左右されることなく、年間スケジュールに沿って水泳指導ができ、共用することでコストも削減できること。民間プールが存在している都市部であれば、民間プールに、水泳指導までも含めて委託することが可能なこと、などが示されたことになる。共用の屋内プールは、学校で使用しない時間帯は、地域住民に開放することもできることから、コスト面ではさらに有利になる可能性がある。

　さらに、学校プールにおける水泳指導を見直すことで、特に、一定の地価水準にある都市部では、副次的な効果として、学校プール跡地の活用というメリットが発生する。

　プールのコース幅2mを5レーン、コース外の余裕を両サイドに0.5m確保した場合、プールの幅は11mになる。長さ25m、幅11mのプールの周囲に3m程度のプールサイドを確保すると、全長31m、全幅17mとなり、プールの建築面積は、527㎡と算出できる。付属施設や付属設備等が約70㎡と想定すれば、およそ600㎡と仮定できる。

　全国の廃校情報を集約し活用ニーズとのマッチングを行った文部科学省の「みんなの廃校プロジェクト」の分類を用いると、跡地は、学校施設との親和性を考慮に入れると、①オフィス・工場、②児童・高齢者などのための福祉施設、③アート創造拠点などの文化施設、④体

験学習施設・宿泊施設、⑤大学・専門学校などの教育施設、⑥特産品販売・加工施設が想定されている。不足が課題となっている学童保育などの放課後施設や保育施設を除けば、施設を整備することは、新たな財政負担を招く可能性も考慮しなければならない。したがって、プール跡地の売却や貸付による財源確保も、施設の内容に関する規制をすることを前提にすれば、積極的に対応すべき選択肢となる。

　全国の小中学校には、約2万の学校プールが存在している。中山間地もあるので、すべて屋内化・共用化ができることではないが、少なくとも、都市部では、学校間の距離も小さいことから、固定観念を打ち破ることができれば、実現可能性が高いプロジェクトといえる。

　高度経済成長期には、更新費用、運営費用を考慮しなくとも、人口増、税収増を前提とした各種の施設整備が行われた。しかし、人口減少、税収の頭打ちの時代にあってはこれまでの「常識」を根本から疑い、合理的な設置・利用形態を考え出さなければならない。このような発想転換を行わない限り、公共施設マネジメントは前に進まないのである。

7 リース方式による庁舎整備で使用の終期設定を図る

> **論点**　これまでの公共施設、特に、庁舎整備は、行政財産として所有するのが当然のことと考えられてきた。ところが、老朽化した施設の更新問題が深刻な財政問題となってくると、「未来永劫に」使い続けることへの疑問が意識され始めている。なぜ、自己所有でなければならないのかという問いかけを行うと、その根拠は意外なほど説明できないことがわかる。リース方式で庁舎整備を行った経験からは、時代の変化に対応して、いつまで、どのように使うのかを明確にする、費用を平準化することで将来の負担を明確にできる、民間所有を前提とすることで公民のリスク分担を適切に行う、というような合理的な意思決定に結びつく議論ができるようになった効果が生まれた。

●「行政が庁舎を所有する必要はない」という発想から

　愛知県高浜市における、リース方式による庁舎整備が注目されている。

　庁舎をはじめ、行政財産としての公共施設の整備手法として、リース方式はまだなじみが薄く、何らかの公民連携の手法を採用する場合でも、PFI方式（日本では主としてBTO方式による）が主流である。しかしながら、整備に至るまでの手続き時間の短縮による時間コストの削減、所有と利用の分離による効率性、公民のリスク分担による責任の分担、終期設定による目的の明確化と時代変化への対応など、リース手法の活用について研究を重ねれば、公共施設マネジメン

トにとっても、有力な手法となる可能性が高い。本節では、高浜市本庁舎整備で実現したリース方式について、その効果を検討したい。

　高浜市では、平成23年度に「高浜市公共施設マネジメント白書」を策定し、翌平成24年度に、白書をもとに市民・有識者による「公共施設あり方検討委員会」を設置して、「公共施設マネジメント基本方針」及び「公共施設改善計画（案）」を、「高浜市公共施設あり方計画（案）」として提言を得た。そして、パブリックコメントなどを経て、高浜市役所本庁舎の今後の方向性として、「小学校区を単位とした地域の活動拠点として位置づけ、多目的利用を図るとともに、事業方式については市民との協働や民間事業者の有する能力、ノウハウの活用を前提とする新たな手法を取り入れていくこと」などを内容とする「新しい地域活動拠点の形成を目指して」の「基本方針」（平成26年1月）をまとめた。

　この基本方針と「高浜市役所本庁舎整備事業要求水準書」（平成26年8月）の内容からは、多くの自治体が従来示してきた庁舎整備の考え方（行政財産としての所有と、主要機能の集約）とは違った、次のような徹底した合理主義的な発想が見える。

　まず、事業に向けての基本的な考え方として、

① 市庁舎としてのステータスは求めず、民間事業者による新たな市庁舎のあり方の提案を受けつける。
② 市は事業者から賃借等で20年間庁舎として使用し、市の財政負担の軽減と平準化を図る。
③ 現行の庁舎機能に加えて、市民の多目的利用を図る。
④ 他の公共施設の集約化、まちづくりに貢献する収益機能により余剰容積を活用する。
⑤ 市役所本庁舎と三河高浜駅前のいきいき広場（以下「いきいき広場」という）の執務機能を再編し、新たなサービス提供システムを構築する。

という視点を明確にしている。

　ここには、市役所が、その庁舎を所有しなくとも、必要な機能が確保できれば良いということと、現庁舎の耐震補強・改修に多額の費用をかけても、建築物としての耐用年数（寿命）が20年しかないので、改修費を上限としてその間の費用負担をできるだけ少なくするという発想がある。さらに、市役所の全ての機能を一カ所に集約することにこだわらず、駅前の活用可能な施設への機能分離も視野においている。

　したがって、事業費の想定についても、「必要面積からの建築費ではなく、市が現庁舎の耐震改修などを実施し、今後20年間利用した場合（以下「ベース案」という）の事業費の想定よりメリットのある提案を求める」として、具体的な費用の上限を説明している。

　ベース案の20年間の費用内訳を、8％税込みで、耐震改修費等・設計費、仮設庁舎とその移転費19億2,792万円、解体処分費1億3,867万円、維持管理・運営費12億5,732万円として、トータルコスト33億2,391万円（8％税込み概算）。これを20年間で支払いを平準化した場合は年に1億6,619万5,000円と計算し、この金額を下回るように、既存建物の改修を伴う賃借などのアイディアを民間に公募したのである。

●公務員の役割を限定的に捉える合理主義の伝統

　これまで、一般的に見られた、「自前の施設」を前提とした多くの自治体における整備手法と違う方向を打ち出した高浜市の発想には、以前からの「合理主義」の伝統がある。

　すでに、20年前の平成7年から、市役所業務のなかで、必ずしも公務員が担う必要がなく、民間でも実施できる公共サービスを、市が100％出資して設立した「高浜市総合サービス株式会社」に委託してきた経緯がある。

　女性の社会進出、高齢者の雇用及び行政改革の推進役としての位置づけから、主な業務として、公共施設の指定管理業務、市役所など

様々な公共施設の窓口業務、学校給食や用務員などの委託業務を、市役所職員ではない、総合サービスの社員（8割が市民）が担ってきた。その結果、年間4億円の人件費削減と、子育て世代の主婦などが安心して働ける職場の提供や、市民への雇用の創出という成果はもちろん、現在では、この会社は高浜市役所以外の民間企業からも清掃業務などを請け負うことも含め、売上高は6億円を超えているという。

このような「民間でできることは民間に。公務員は公務員でなければできない業務を担う」という発想から、公共施設マネジメントに関しても、「白書作成」から「基本方針・計画策定」という取り組みのなかに、「特に高浜小学校の老朽化については早急な対応が必要であることが判明するとともに、東日本大震災以降、防災対応機能の維持の必要性の認識が高まっている中、市役所庁舎の耐震性能不足と老朽化についても早急な対応が必要となっている」という、重点事項を明確にし、「まず、これらの2施設について対応方針を定め、具体化」するとして、「モデル事業」として位置づけた。

多くの自治体における公共施設マネジメントの取り組みは、白書から計画策定は行うもの、実践にむけての明確な優先順位を設定していないので、「計画は策定したが、どこから実践して良いのかという判断が難しい」と「足踏み」をしている段階である。従来型の「総合計画」のように、縦割り部局ごとに同時に取り組むという発想では、統廃合を基本にした公共施設マネジメントは、特に、人的・財源的に資源を集中させる必要があるために、壁にぶつかることになる。高浜市では、優先順位を小学校と本庁舎の再整備に定め、モデル事業としたことで、計画から実践への「シームレス」な取り組みが実現したのである。

●民間事業者の役割も明確に示した

高浜市の公共施設マネジメントとして、先行するモデル事業が「新

しい地域活動拠点の形成を目指して」という基本方針になっているが、その「ポイント」として示されている内容には、市庁舎と小学校を一体的にとらえ、公共施設として最大限に活用する姿勢が的確に表現されている。

参考：「新しい地域活動拠点の形成を目指して」基本方針（平成26年8月：高浜市）の「ポイント」から

> （1）資産の有効活用と多世間交流の実現等地域コミュニティの再構築を図るため、市庁舎、高浜小学校のそれぞれを核とした多目的利用を行うことができるような整備を行い、新しい地域活動拠点の形成を行う。
> （2）市役所庁舎については、整備コストや将来の維持・管理コストをできる限り低減するとともに、行政を取り巻く環境変化への対応や施設の有効活用を実現するために、保有形態の見直しによる賃借やリース等も視野に入れた民間事業者のノウハウ・能力等を最大限活用する、新たな事業方式の提案を民間事業者から募る。
> （3）市庁舎機能整備の費用を可能な限り節減し、その財源を老朽化の進行著しい高浜小学校の建替え整備に振り向ける。
> （4）学校については、民間事業者のノウハウ・能力を取り入れ、セキュリティを確保した上で、複合化施設による多世代交流等を実現し、地域住民の活動をサポートする。
> （5）市民と行政、民間企業の3者の協働による、今後の公共施設サービスのモデルを形成し、今後の住民ニーズに応えていく。

　この「ポイント」に述べられている姿勢は、市民の税金で整備される公共施設は、経費を圧縮しつつも、地域コミュニティの核としての機能をもつことが最優先であり、そのためには、保有形態の見直しも行い、民間事業者のノウハウ・能力などを軸に、市民、行政、民間企業の協働のモデル構築を行うという、これまでの自治体に根強くあった「行政主導型」の発想を乗り越えたものとして、評価されるべきであろう。

● 「終期設定」が必要となるリース契約

　リース方式導入への課題については、後段で触れるとして、ここでは、リース方式が、公共施設マネジメントの観点から、有効な手法であることを検証してみることとする。

　第一に指摘できるのは、施設の共用期間が明確になるために、終期設定をすることによって、その施設の目的と機能を明確にする議論ができることである。一般に、行政財産としての施設の設置には、「いつまで使うのか」という終期設定がされることはほとんどないが、考えてみれば不思議なことである。たとえば、義務教育の小中学校であっても、人口や年齢構成の変化によって、児童生徒数が変化することは「常識」である。大規模な住宅開発によって「マンモス校」が設置されても、20年、30年とその状態が続くことはないし、東京都心部でも、地方の過疎地でも、数十年前の学校が統廃合されたり、廃校になっている事例は多い。

　市役所等の庁舎にしても、建物躯体部分は存続しても、設備関係、特に電気供給や情報配線は、大幅な「改築」をしなければ、業務に支障が出るほどである。

　社会経済構造の変化によって、人口の変動、業務の変化、設備機器の更新、金融や物販などのサービス機能などの変化によって、施設備の更新は必然であるが、機能面での更新を見据えた上での終期設定は議論されてこなかった。

　なぜならば、30年以上経った時点で、「建て直す」ことが暗黙の終期設定に対する解決方法だったからである。庁舎だけは、その更新（建て替え）が、4年ごとに行われる首長選挙の争点になる可能性が高いことから、なかなか手がつけられなかったために、50年程度を経た事例が多い。しかし、庁舎以外の「歴史的建造物」ではない一般的な施設は、30年程度で更新されたので、その機能の一部が時代状況に対応できたために、終期設定の議論に結びつかなかったのではない

か。

　この終期設定がなされないままに、計画的な施設設備更新が当初から組み込まれてこなかったことが、公共施設マネジメントが必要となった基本的な要因である。したがって、リース方式は終期設定が基本となるために、今後の施設整備にとって、非常に有効な手法であることがわかる。

●手続き期間が短くなることで、時間コストも低くなる

　リース方式の第2の利点は、施設の計画、契約手続き、着工・竣工の期間が短くなるために、時間コストの面でも有利となる点である。

　施設整備に関しての、民間資金、ノウハウの活用はPFI方式が主流であるが、「日本型PFI」は手続きに時間がかかる。総務省の見解として、「安易な裏起債」になることを避けるために、事業手法の検討をコンサルに委託し、結果としてVFM（Value for Money）が優位であるという「シナリオ」作成が要求される。このための手続きに、1、2年を費やすことが多い。この期間だけでも、数十億円の整備費を前提にすると、数千万円の金利負担とあわせて、1億円以上の経費がかかることになる。リース方式は、民間企業が自らの責任で整備した施設を長期に利用する契約であるので、契約内容（施設・設備の概要）と費用（賃借料）、利用期間を明確にすれば、後年度負担に関しての債務負担行為について議会の同意（予算の議決）があれば良い。したがって、事務手続きに関する時間は、PFI方式はもちろん、直接の整備事業よりも大幅に短縮される。民間事業者の建設事業となるので、発注事務、予算策定、議会議決などの日程に縛られることはないので、工期も半分程度となる。

●リスク分担によって、公民双方の責任区分が明確になる

　第3の利点は、公民によるリスク分担が明確になる点である。日本

でのPFI方式では、BTO方式が主流であるが、これは、設計施工を一体発注して施設が竣工した時点で、所有権は自治体の側に移転する。したがって、自治体としては、15年から20年というような長期にわたる管理運営委託をSPCに委託するものの、施設整備費の分割払いと管理運営費の負担は全て自治体の負担となる。SPCの側は、瑕疵担保責任とアフターサービス期間以外は、施設の維持管理補修についてのリスクを分担する必要はなくなる。

これに対して、リース方式では、施設所有権と管理運営義務はリース会社に属するので、自治体は利用者としての立場と、リスク分担表に基づく内外装・設備に関して部分的な責任を負うにとどまる。つまり、施設の設計施工にともなうリスクの大きな部分は、民間事業者に属することになる。安易に、行政側が税金でリスクを負担するようなこれまでのリスク分担ではなく、行政と民間事業者が対等な立場で、それぞれのリスク分担を主張し、合意形成を図るわけであるから、真剣な交渉が必要となる。

事実、高浜市での事例で、もっとも時間を要したのは、耐震性に関するリスク分担であった。現行の耐震基準を満たす設計・施工は民間のリスク分担に属するが、どこまでの規模の地震に対応できる設計要件が必要なのか、地震に伴う什器備品の損害に関するリスクはどちらが負担するのかという点が、大きな交渉事項となった。結果的には、震度7以上の揺れに対するリスクは、民間企業としては負えないというところで、内装や家具などは高浜市がリスクを負い、建物本体は企業が負うというリスク分担に落ち着いた。リスク分担の議論は、公民連携型の事業を進めるための根幹部分であり、指定管理者制度の運用の中でも、事業実施責任の所在を明確にする上で不可欠なものになっている。特に、企業の視点からは、収益を左右する大きな問題なので、公共性と効率性、収益性をどのようにバランスさせるのかという課題は、公民連携を進める上で、今後の大きな研究課題になる。

●経済原則を基盤にした合意形成のあり方が問われる

　高浜市では、市庁舎の整備にあたって、20年間の期限を設定して、既存施設の改修活用を想定しながら、市が建物の所有権を保有しないことを前提に幅広い選択肢を民間から募集した。この所有権を保有しないことによって、前述の「ベース案」の金額を下回る庁舎整備という「経済枠」が設定される意味は大きい。所有権を保有するという考え方のままでは、床面積を増やすという「庁内圧力」をおさえることは難しくなるからだ。いくつかの自治体における庁舎整備事業に関わった経験があるが、当初は面積抑制（事業費抑制）を打ち出したものの、庁内各課のヒアリングに入ると、ほとんどすべての課が「以前からの業務増大と、将来の変化に対応できる余地を確保するためには、もう少し広いスペースが必要」という主張を行い、総面積が２、３割増える傾向にあった。特に、最近では、震災復興と東京オリンピック需要という建築単価上昇を理由に、事業費が大幅に上昇する傾向がある。しかし、事業者増大の大きな要因として面積が少なからず増えているという説明をしている自治体は皆無である。

　リース方式は、採算を厳しく見積って、事業費の総枠を確定することからはじまる。したがって、所有権を保有しないことを前提に計画を行うと、当初の事業費と面積の「縛り」は、庁内各課からの要望によって変えることができないことになり、事業費の増大を抑制する効果と限定されたオフィス・スペースに納めるための事務改善という「副産物」をもたらす効果もある。

　まだまだ、「市庁舎はシンボルであり、他人の建物を間借りするのは恥ずかしい」という意識は根強い。しかしながら、事業コストとリスク分担によって、民間事業者との厳しい緊張関係で事業をすすめるというリース方式は、これからの主要な手法となる可能性がある。そのためにも、行政としてもっとも苦手な時間コストとリスク分担に関して、研究を重ねる必要があるだろう。

第4章

包括保守点検委託の実践とマニュアル

1 専門性が確保できていない現実

●技術系職員の不在

　我が国の自治体は、47都道府県を除いて、1,741団体あるが、その中で、技術系職員が確保できない可能性が高い人口10万人以下の自治体は約1,500団体に及ぶ。さらに、土木職や建築職の職員は確保できても、十分な配置ができるだけの職員数を確保することは難しい。そして、公共施設の保守点検管理に必要な、電気職、機械職の職員はほとんど採用できていないのが現実である。

　しかしながら、公共施設の設備の保守管理業務は、款項目という行政の財務会計制度上、庁舎の電気工作物、学校の浄化槽設備など、それぞれの所管課ごとに予算計上し、個別に一般競争入札に付す形となっているのが現状である。建築設備の保守点検の仕様書の作成から入札にいたる過程では、特に仕様書作成には高い専門性が要求されるため、業者から提出される仕様書や見積りをベースに発注せざるをえなくなる。このような現実から、施設の保守点検業務を包括して発注する手法を第3章の流山市の事例で紹介した。ここでは、この包括委託の進め方について、その留意点と一定のマニュアルを紹介することにする。

　この包括委託は、導入する意思決定を行えば、公共施設の管理運営と事務にかかる経費を直ちに削減できる手法としても、もっとも簡単に導入できる手法となっている。しかしながら、「①複数の部署で不慣れな業務を同時期に行うために生じる多額の事務コスト、②業者の提出する仕様書の差による設備管理の質のばらつき、③前例踏襲による慣例的な発注のため落札金額が高止まり」などの課題が発生するの

で、これらの複数の部局にわたる様々な設備の保守管理業務委託契約を1契約に集約して業務の効率化、スケールメリットによるコスト削減、大手ビルメンテナンス会社による上位水準の適用、＋αのサービスによる質の向上、施設管理者の意識向上などを図るのが、本章で紹介する包括施設管理業務委託のマニュアルである。

●実践から見えた包括委託の効果

　香川県まんのう町の「まんのう町立満濃中学校改築・町立図書館等複合施設整備事業」でPFI法を活用して行われたのが全国初の事例として知られており、これに続き千葉県我孫子市では民間事業者が「提案型公共サービス民営化制度」に包括施設管理業務を提案して事業化している。

　流山市では、これらのノウハウを応用して、おそらく全国で初めて包括施設管理業務そのものを対象としたプロポーザルコンペを実施し、事業化にいたっている。流山市では当初、34施設51契約分を1契約に集約し、対象設備の保守管理相当額では年間約1,000万円、契約等に関する業務量としては推計になるが、年間約460万円の削減効果が生まれている。なお、流山市では契約額自体は従前と大きな変化はないが、これは保守管理の削減相当額を後述する＋αのサービス（約900万円）に付け替えているためである。

　発注者や施設管理担当者にとっては、前述の数十から大規模な自治体では100を超える予算要求、見積り、入札、契約、検収から支払いにいたる業務を1契約に集約することで、これらの業務が包括施設管理業務を総括する1部局だけの負担となるため、計り知れない事務コストの低減を図ることができる。特に、学校施設や市営住宅などを多数の大規模な施設を抱える部局にとっては、設備管理に費やしていた膨大な労力を本来のサービスに充当できるなど、人員確保の面でも相当のメリットが生じることとなる。

地元事業者にとっては、一見、大手のビルメンテナンス事業者などが包括施設管理業務の元請業者となることで、これまでどおりの地元業者を対象とした入札案件がなくなり、直接受注ができなくなることから、ビジネスチャンスを奪われるように見える。しかし、実務上は大手ビルメンテナンス事業者にとっても包括施設管理業務の遂行のためには地元事業者との協力関係が不可欠である。発注者となる行政が、地元事業者に対して後述する一定の配慮をすれば3～5年間、地元事業者は入札などの役所との連絡調整・手続業務にさらされることなく安定して業務が遂行できる。さらに、大手のビルメンテナンス事業者のノウハウや点検のフォーマットなどが業務を通じて入手でき、さらに質の高い地元事業者にとっては、大手が受注している他の民間物件での受注にもつながる可能性があるため、本当の意味での地元事業者の育成にも寄与する。

　利用者にとっても、上位水準による保守点検や流山市のようにスケールメリットによるコスト削減効果を活用した巡回点検・簡易修繕といった＋αのサービスにより、施設の基本的な性能が維持・向上して安心・安全な利用が確保される可能性がある。また、前述のように施設管理者がサービスの提供に費やす時間が確保できるようになるため、多様な自主事業の展開や応対の充実など利用者の満足度を向上させることにも寄与しうる。

　包括施設管理業務委託は、予算の仕組み、発注の方法、地元事業者との関わり方など、多くの事項を少しずつ変えていくことが求められるため、実現に向けた難易度は高く感じられる。しかし、実際に行ってみると企画・財政部門、施設所管課、地元事業者や施設利用者ともに反対する大きな理由は見つからず、見た目ほど難易度は高くない。実際に流山市でも10以上に及ぶ施設所管課へ包括施設管理業務委託について打診した際は、半日で全関係部署の了解を取りつけている。以下に、包括施設管理業務委託の実務上のポイントを記していく。

2 包括委託の実践手順

●性能発注の仕様書づくり

　包括施設管理業務委託では、スケールメリットによるコスト削減効果だけでなく、同時に安全と質の向上を図ることが求められる。ここで必要となるのが、「性能発注」の考え方である。

　浄化槽・エレベーターなど同一の設備であるにもかかわらず、各課で個別に発注することで生じていた設備管理の仕様のばらつきを、より高度のある程度統一された管理基準に持ち上げることも重要であるが、これは高度な専門性がないと極めて困難である。仕様発注では、この困難な仕様の「統一化」の作業を職員が行う必要があるが、「関係法令を遵守し、正常に機能する状態を維持し、適正に管理すること」を指標とした性能発注としてしまえば、「統一化」の業務は不要となる。ただし、実際の施設管理上、最低限の作業時間の制約、法令に規定する以外の関係者への報告などの項目については、業務コストやリスクに影響することもありうることから、明確にしておく必要がある。

　従来型の一般競争入札では、応札者の裁量や判断の余地を限りなく排除するために、仕様を細部まで行政内部で詳細に事前決定して、価格のみの競争で契約の相手方を選定する。公平性・透明性などが確保された手法ではあるが、包括施設管理業務を含む現在の行政の業務では、価格だけではなく「質」も契約の相手方を選定する重要な要素になる。

　業者選定を「質＋価格」で行おうとすると、選定方法は必然的に一

般競争入札ではなく、総合評価一般競争入札またはプロポーザル方式となり、仕様は性能発注となる。

　一部の自治体にはプロポーザルコンペが最終的に随意契約となることを懸念する風潮もあるようだが、随意契約は地方自治法施行令で「一般競争入札によりがたいもの」として認められており、公平で透明な形で競争性を確保すれば、なんら問題や疑念が生じる仕組みではない。

　性能発注の基本は、行政はオーナーに徹して何をどうしたいのか、準備できる財源はどのぐらいあるのかなど「課題・目標・与条件」を明確にしたうえで、詳細な仕様の提案はその道のプロである事業者に委ねつつ、契約内容は行政と事業者（優先交渉権者）の双方の協議で決定していくことである。同時に、業務の質を高めていくためには行政に求められるのは、提案の質を見極める力、協議に十分な時間と体制を確保すること、そして何より「委託・受託」ではなく行政と事業者が対等な立場で真摯に協議をする姿勢である。

●予算編成の手法（部局をまたがる「節」予算の統合）

　前述のように行政の予算体系では、施設ごとに予算計上することを原則とするが、これにより膨大な事務量・手続きも発生する。また、行政のコスト管理やファシリティを含むマネジメントの側面からみると、事業ごと・施設ごとなどのセグメントのコストは必要な情報であることは間違いない。

　これと反するようだが、包括施設管理業務委託のポイントのひとつは、複数の施設所管部署で発生する予算編成、検収や伝票の業務を一元化することで大幅な事務コストの削減効果を得ることである。このためには、財政当局の理解を得たうえで予算を一本化することが必要となる。

　流山市では財政部門との協議を重ね、予算書には2款1項7目の財

産管理費に各施設所管課の関係予算を集約して包括施設管理業務委託のコストを一括計上するとともに、決算統計作成時には決算額を各施設・設備ごとに按分して事業ごと、あるいは施設ごとのコスト算出に支障が生じない形で整理している。また、この事業費の按分については、事業者から各施設・設備ごとの内訳明細書を提出してもらうことで簡単に対応している。

　包括施設管理業務の予算編成（及び事業スキームの構築）にあたって、もうひとつ重要なのが中長期（3～5年程度）の契約期間を設けることである。民間事業者は包括施設管理業務を受注し、業務を遂行するためには、実際に設備管理を行う地元事業者を中心とした多くの保守管理業者との調整・契約、各施設の担当職員との調整を含む行政との詳細協議、数十から場合によっては100以上に及ぶ施設・設備の現状把握及び点検サイクルの確立、現場事務所の設置、関係省庁への各種届出や許認可など、業務開始までに膨大な業務とコストが発生することになる。

　このコストを回収していくためには一定程度の業務期間が必要となるため、契約期間を複数年度で設定することで、民間事業者の事業採算性の向上、民間事業への参入意欲・モチベーションにもつなげていかなければいけない。

　また、予算の設定額（単年度あたりの合計額）については、現在の対象施設の各設備の保守点検業務の予算額の総額を単年度あたりの支払限度額として債務負担行為を設定する。これにより、予算編成上、包括施設管理業務委託は新たな財政負担が生じる事業でなくなるため、財政部局の理解を得やすくなるだろう。同時に、留意したいのは既存の予算額の合計ではなく契約額の合計として設定してしまうと、入札などで市場価格より相当に安価で受注している既契約がいくつか存在した場合、募集要綱上の設定金額（≒債務負担行為の設定額）が事業量とマッチングしなくなり、前述のような包括をすることによっ

て生じる様々な民間事業者のコストを吸収できなくなり、事業として魅力がなくなってしまう可能性がある点に留意されたい。

●庁内の合意形成と発注プロセス
◎庁内の合意形成

包括施設管理業務委託では、前述のとおり施設所管課には新たな事務が一切発生せず、むしろ大幅に既存の業務が軽減されることから、理解をえるうえで支障となることはほとんどない。企画・財政部門の理解を得るうえでは、新たな財政負担を生じない、あるいは質を向上させつつコストを削減するスキームを構築することがポイントとなる。

また、地元事業者との関係にも一定の配慮が必要となる。この具体的な配慮方法については後述するが、これ以外に現在の公共施設などをはじめとする自治体経営を取り巻く環境、プロポーザルコンペや随意契約に対する正しい理解があれば、事業推進にあたって庁内の理解・合意形成はそれほど難しいものではないだろう。

◎プロセス

包括施設管理業務の事業化にあたっては「①対象施設・設備の抽出、②既存の仕様書・予算額・契約内容の収集、③地元事業者との調整を含む意思決定、⑤プロポーザルコンペ、⑥事業者との詳細協議」が具体的なプロセスとなる。

まず、対象施設・設備の抽出については、公有財産台帳などの既存のデータベースから「直営の施設で比較的規模の大きな施設(概ね500㎡以上、消防用設備の保守管理業務が発生している可能性が高い)」を抽出し、一般的な設備の保守管理業務委託ごとに、図表4-1のようなフォーマットをExcelで作成し、各施設所管課に対象となる設備・既存の予算額などについて照会することでデータを収集する。これだけで、概ねの事業規模、対象設備などが判明する。また、

図表4－1：対象施設・設備の抽出フォーマット

対象設備・点検業務の一次抽出
例）各施設所管課へフォーマットを用いて照会

　　　　　　　　　　　　　一般的な項目を抽出 ※対象設備は自治体ごと判断

施設名	担当課	電気工作物	消防用設備	浄化槽	受水槽・高架水槽	EV・ESC DV	清掃	空調	自動ドア	その他
○○庁舎	○○課	1,000	1,500		500	2,000	25,000	10,000	1,000	機械警備1,000 庁舎管理20,000 雨水槽500
○○文化会館	○○課	800	1,000	500		1,000	20,000		2,200	害虫駆除2,000 施設管理10,000 舞台装置9,000
○○小学校	○○課	700	800		350		600			草刈400 機械警備800
計		13,000	9,000	2,500	2,000	22,000	80,000	24,000	5,000	一般計：157,500 その他計：90,000

　対象と予算額を記入
　設備ごと・全体の合計予算額≒事業規模を把握
　一般項目以外の保守管理業務を抽出

備考欄などに一般的な設備以外でもどのような保守点検業務委託を行っているのかあわせて記載してもらうことで、事業規模・範囲をこの後のプロセスで調整することができるようになる。

　次に、収集したデータを分析して対象施設・設備を仮設定し、改めて施設所管課に対してこれらの施設の設備ごとの具体的な仕様・契約

図表4－2：データ収集のフォーマット

エレベーター・エスカレーター等

施設名	担当課	EV	ESC	DV	メーカー	機器仕様	台数	点検仕様	法定点検	その他
○○庁舎	○○課	○			××	ロープ式15人乗り、45m/min、4停止	2	フルメンテ	建築基準法12条	遠隔モニター
○○文化会館	○○課	○			××	ロープ式12人乗り、45m/min、3停止	2	フルメンテ	建築基準法12条	
○○文化会館	○○課			○	××		1	POG	建築基準法12条	
計		13	4	20						

　対象設備の確認　メーカー・仕様の確認　点検方法・頻度の確認
　特記事項 ※点検コストに関するもの

浄化槽

施設名	担当課	浄化槽	メーカー	機器仕様	点検仕様	その他
○○文化会館	○○課	○	××	合併ばっき（300人槽）	48回/年	浄化槽法に基づく水質検査1回/月
○○福祉会館	○○課	○	××	単独分離ばっき（50人槽）	6回/年	浄化槽法に基づく水質検査4回/年
○○小学校	○○課	○	××	合併ばっき（460人槽）	92回/年	浄化槽法に基づく水質検査1回/月
計		13				

内容などについて照会し、現行の状況を具体的に把握していく。これについても、図表4-2のようなフォーマットを用いることで機械的に収集することが可能となる。このデータ収集に際しては、複雑で難解な専門用語や同一・類似設備でありながら業務内容が大きく異なる実態などが見えてくるだろうが、この時点では一切、調整やそれ以上の調査の必要はない。

　これらの作業により概ねの事業規模などが見えてくるので、次に庁内で包括施設管理業務を実施する意思決定が必要となる。包括施設管理業務は企画・財政部門や多くの施設所管課など多様な主体が関連する。できるだけわかりやすい資料（流山市ではＡ４用紙１枚）として対象施設・対象設備・事業期間・予算額などの基礎的情報とメリットを事業概要として取りまとめ、庁内の意思決定を行う。

　そして、自治体の事情により債務負担行為の設定次期は異なるだろうが、議会との関係を重視するのであれば、この段階で債務負担行為を設定して、プロポーザルコンペの募集要綱の作成に取りかかることになる。

　募集要綱の作成にあたっては、業務内容や質が大きく異なる各設備の保守点検の基準をどうするか、どこの水準まで向上させるのかといった技術的な検討が必要となるように感じるだろうが、前述の性能発注と流山市で実施しているような事業の細部は民間事業者（優先交渉権者）との協議で決定していく「デザインビルド型」を採用することで、この問題は解決する。

　国土交通省がホームページで公表している建築保全業務共通仕様書の各設備の保守管理基準を「理想的な基準」として募集要綱に明示したうえで、これと現在のばらつきが生じている各設備の契約内容、つまり「現状の基準」を一覧として添付し、実際の契約上の仕様は「理想的な基準」と「現状の基準」の間で、民間事業者との協議により決定していけばよい。このようなルールを前提とすれば、プロポーザル

コンペの募集要綱で定めることは「①課題：施設所管課ごとに個別に発注している非合理性、②目標：包括委託することでコスト削減と質の向上を同時に図る、③与条件：予算額や対象施設・設備」に集約することができ、企画提案書もこれらの項目に絞ることが可能となる。

公募条件と提出する必要書類を簡素化することによって、民間事業者にとっては失注のダメージを軽減できるだけでなく、優先交渉権者との協議による変更を容易にするなど、応募リスクを大きく軽減することができるので、参加意欲の向上にもつながっていく。

また、プロポーザルコンペにおいて応募者がゼロとなる不調リスクを回避するためには、対象施設や設備の抽出後、概ねの事業概要が定まった時点で民間事業者に対して幅広くサウンディング型市場調査（当該案件の内容や公募条件などを決定する前に、民間事業者の意向調査や直接対話を公募によって行い、当該案件の効果を最大にするため条件の整理を実施すること）で、その公募条件と市場性がマッチングしているのか、また、実際の募集要綱のなかで修正すべき点などが確認できる。市場調査は、職員の人件費以外のコストが発生することはないので、民間事業者との対話を通じて市場性を反映した的確な事業スキームを構築するうえで、包括施設管理業務に限らず有効な手段である。

そして、プロポーザルコンペで選定した優先交渉権者とのデザインビルドによる協議過程に入るわけであるが、このときに注意すべきは、従来型の「委託・受託」の関係ではなく、双方が力と知恵を出し合って質を向上させていくパートナーとして「対等」の関係で協議していく姿勢と体制を持つことである。

優先交渉権者が現場確認や地元事業者・行政との調整をしていくなかでは、企画提案時には不明だった、または確認できなかった内容、あるいは想定と異なる状況が数多く発生してくる。さらに、各施設所管課から収集した設備の品番・容量・数量などが現場と異なること

も、多くの施設・設備を対象とすることから必然的に生じる。
　これらの課題をひとつずつ双方で協議しながら解決していくのが、デザインビルドの過程になる。また、契約後の業務の質を確保・向上していくためには、施設管理担当者が当事者意識を持ち続けること、さらには施設管理担当者でしかわからない情報を的確に優先交渉権者に伝えていかなければならない。流山市ではこの仕組みとして、対象施設の施設管理担当者を委員とする施設管理協議会を組織するとともに、優先交渉権者との協議担当者を施設ごとに設定し、情報共有を図っていった。また、契約後についても、モニタリングを適切に行い業務の質を向上していくために年に3回程度、施設管理協議会を開催している。

3 地元事業者との良好な関係構築

●地元事業者への配慮

　包括施設管理業務委託では、1社（想定としては大手ビルメンテナンス業者）が行政との契約上の元請業者となり、地元事業者は下請業者という形式となる。地元事業者にとっては、従来の契約方法や行政との関係性が変化することを懸念し、同時にこれが不安材料となる。

　この不安感を払拭しながら、かつ包括施設管理業務の質を向上することが求められる。そこで流山市では、募集要綱で「可能な限り市内事業者を活用すること」を全体の配慮事項としたうえで、「電気工作物・浄化槽・消防用設備については、原則として市内事業者を現在と同等以上の条件で活用すること」を事業の条件として明記することで、地元事業者へ最大限の配慮を行っている。また、優先交渉権者との協議過程では、開示可能な情報を優先交渉権者に提示したうえで自主努力によりメーカー管理となるエレベーター、自動ドアなどを除くほぼすべての業務を市内事業者で対応することとなった。

　前述のように地元事業者にとっては、包括施設管理業務によって安定した業務を遂行できるだけでなく、入札条件等で排他的に地元事業者の業務環境を保護するのとは異なる形で、企業体力をつけることにもつながっていく。

【包括施設管理業務委託のポイント】

　最後に、重複する部分もあるが包括施設管理業務委託を実施していくためのポイントを改めてまとめておく。

◎意識面

　まずは、行政の従来の慣習・手法を含めて「縦割り・組織を意識しすぎない」ことである。包括施設管理業務委託によって、コスト削減と質の向上を同時に図ることができるため、総論として庁内や議会が反対することは考えにくく、むしろ、「最少の経費で最大の効果」という地方自治の原則からは、当然に行わなければならない。また、施設所管課にとっては新たな業務が一切付加されることなく業務量と責任、特に安全管理における責任が大幅に削減されるため、反対が生じることは考えにくく、企画や財政部門もこれといった反対の理由は示しにくいだろう。強いて行政内部で発生しがちな反対理由を考えれば、「手法が変わる」ことで生じる地元事業者への影響、これまでの行政の手法へのアンチテーゼと誤解されることではないか。

　これらの懸念や反対理由については、これまで述べてきたような配慮をすることで容易に払拭できる。また、最初からすべての施設の全業務を対象とすることが難しければ、理解の得られる範囲で部分的にはじめて、そのまちらしい手法に徐々にブラッシュアップしていくことも現実的な選択肢になるだろう。

　次に「性能発注の意味を正確に理解する」ことである。数十から数百に及ぶ施設・設備のすべてを理解して、詳細な仕様書を組み上げることは、技術的にも時間的にも無理が生じる。従来型行政の仕様発注ではこの部分が要求事項になるため、担当職員が悪戦苦闘することになるが本質的ではない。本章で述べたように、包括施設管理業務委託では対象施設・設備を「法令を遵守したうえで適正な状態で管理すること」が性能上の要求事項である。現在の仕様をあるがままに収集し、国交省の理想的な基準とのダブルスタンダートを提示したうえで、詳細は現場状況を確認しながら民間事業者との協議により決定していく「デザインビルド型」を採用することで、この問題は解消される。

三点目が前述の性能発注とも大きく関係するが、「プロポーザル・随意契約に先入観を持たない」ことである。行政の基本は「より安く・高品質のサービスを提供」することであり、そのための必然的な選択肢として、プロポーザルコンペによる業者選考があげられる。
　そして四点目として「地元事業者への配慮と『過』保護を混同しない」ことである。包括施設管理業務では、自治体ごとのこれまでの慣例を含む発注や契約方式を十分に分析したうえで、一定の配慮を行うことで決して地元事業者に不利な事業形態にはならない。
　五点目は、「民間事業者と対等な関係を構築」することである。PPPの基本ではあるが、官民の双方が事業の効果を最大に発揮するために信頼関係を構築し、建設的な議論を積み重ねていくことが当たり前のことではあるが基本になる。

◎技術面
　包括施設管理業務委託の成功のための技術的なポイントを列挙していく。
　一点目が「メーカー管理の設備を多く含む施設」を対象施設に多く取り込むことである。一般的にメーカー管理となる設備は、自動ドア・エレベーター・エスカレーター・小荷物専用昇降機などである。このような専門性が高い設備を多く含む施設としては、駅の自由通路、文化会館など高度のバリアフリー性能が必要な施設や、施設内での移動距離が比較的長くなる施設である。エレベーターであれば、通常は設置したメーカーが直接フルメンテナンスで管理しているが、点検業者は通常、1日にエリア内の複数の施設の設備を巡回点検している。しかし、従来どおり個別に契約すると、1契約につき1日分の（あるいはそれに近い）人件費が計上されることが慣例化しているため、高コストの状況になっている場合が多い。これを包括施設管理業務に組み込むことで、適正な委託費に見直すことが可能となる。
　次に、「24時間開放や清掃が伴う高コストの施設、ビル管理法が適

用される施設（自由通路等）を含む」ことである。これらの施設や業務では、管理コストに占める人件費の割合が高いため、包括施設管理業務委託により複数の施設間で人材を流動的に活用することなどにより、人件費を抑制できること、また大手ビルメンテナンス業者が既に設置しているコールセンターを包括施設管理業務でも兼用することができれば、夜間時の緊急対応などバックアップ的な業務でも非常に効率的であり、事業採算性でも有利となる。

　三点目には「契約期間が異なる業務や配慮が必要な業務を無理に仕込まない」ことである。機械整備などは業務開始時に専門業者が配線などを含めてセットアップすることから、イニシャルコストが生じている。通常は5年程度の契約期間を持つ業務であることから、これを包括施設管理業務の開始時にあわせて契約解除に伴う違約金を払ってまで対象設備に含めることは、リスクが高い。また、清掃事務所など高度に専門性が高く設置者でなければ保守管理が困難な設備については、本章で述べてきたようなスケールメリットによるコスト削減など包括施設管理業務のメリットが発生しにくいため対象外とすることが賢明である。こうした面で、対象とする設備については、マンション、事務所ビルやショッピングセンターなど民間物件で一般的に考えられる範囲、つまりビルメンテナンス業者の得意分野にとどめてまずは発注することが、事業採算性の点でも合理的といえる。

　四点目には重複となるが「予算を一本化」することである。既存の契約本数に比例して、包括施設管理業務委託における事務コストの削減効果は高くなる。逆に予算を一本化しない場合には、従来どおり各施設の所管課における多大な事務コストが残ってしまうため、包括施設管理業務の効果は半減する。地方財政法の原則とは異なる手法であるため、財政部門の理解は不可欠であるが、業務の趣旨・内容を十分に説明すれば理解が得られるだろう。また、委託費の支払いも通常は月払いとなっているが、財政及び事業者の理解を得て2か月ごとの支

払いにできれば、事務コストはさらに半減する。ただし、事業者にとっては委託費が業務の運転資金にもなるため、これを行う場合には十分な理解と、必要に応じて一部の委託費の前払いなどの配慮をされたい。

●包括施設管理業務委託の実践

　包括施設管理業務委託は、一見、事業化に向けて数多くのハードルがあるように思われがちだが、冷静に考えれば複数の業務委託を1契約に集約するだけであり、なんら特殊な内容は含まれていない。また、包括施設管理業務委託では、施設所管課が個別に発注していた業務に横串を通すことであり、従来の行政の手法を少し見直すことでコスト削減と質の向上を達成する、こうした考え方や実践はファシリティマネジメントの基本にも通じる。

　さらに、流山市では毎月、大手のビルメンテナンス業者が提出する報告書で改修すべき箇所が優先順位を持って報告されることや異常発生時にWeb上で情報共有していくことで、徐々に施設管理者の意識と技術が向上し、これまでは利用者の要望を中心に支出してきた修繕費も、技術的な優先度を意識したものに変わりつつある。このような当初、想定していなかった副次的な効果も生じ始めている。ビルメンテナンス事業者が巡回点検時に対応する建具調整、パッキンの交換や屋上ドレン周りの清掃や、施設管理担当者の質の向上は、個々の改善はきわめて小さいものであるが、今後のファシリティマネジメント推進の大きな力になりうる。

　包括施設管理業務委託自体は小さな事務事業の改善でしかないかもしれないが、この実践は、その後に求められる「まち全体のファシリティを経営してまちづくりに活用していく」ための確かな第一歩になりうる要素を多く秘めている。

4 包括管理業務委託のマニュアル

　協議では事業スキーム（案）の調整をすることとなるので、「募集の手続き」と「業務内容（事業スキーム（案））」を区分して作成しておくと、事業スキーム（案）を基に協議した結果が最終的に契約上の仕様となるので、デザインビルドの過程で便利になる。

○○市役所等包括施設管理業務委託提案募集要綱

平成　年　月

1．募集の趣旨
　本事業は、○○市役所他○○施設の設備等の保守管理、点検、法定検査、維持管理等（以下「保守管理等」という。）を包括的に業務委託することにより、民間のノウハウを活用し、保守管理業務の質の向上・事務量の低減・コスト削減を図るものです。
　本募集の目的は、民間事業者から、優れたノウハウを活かした公共施設の保守管理等に関する一括提案（以下「業務提案」という。）を受けるために公募を行い、本市にとって最も優れている応募者（以下「優先交渉権者」という。）を選定することにあります。
　本事業は、対象とする施設の規模・用途が多岐にわたり、保守管理等の内容も広範であること及びPPP（Public Private Partnership）の効果を最大限発揮させる観点から、詳細な仕様決定の前段階で優先交渉権者の選定をプロポーザル方式で実施します。
　優先交渉権者は、プロポーザル提案の内容を基に事業フレームを構築し、本市との間で契約の締結に向けた詳細協議（以下「デザインビルド」という。）を行い、合意に至った場合に契約事業者（以下「事業者」という。）として本市と契約し、本事業を実施します。
　ただし、本事業は解除条件付きの募集であり、契約に向けた協議が整わな

いなどにより、本事業が実施できなくなった場合には、本件は提案を募集したことに留まり事業化はされないこととなります。
※業務の趣旨・概要と協議が成立しなかった場合の「解除条件付きの募集」であることを明記

2．事業概要
2.1 事業の名称
○○市役所等包括施設管理業務委託
2.2 事業内容
(1)優先交渉権者は、本事業に関する事業フレームをデザインビルドし、本市と契約に向けて必要な手続等を行います。
(2)優先交渉権者は、本市との契約により事業者となり、別紙に記す○○市役所等における保守管理等を実施し、本市は保守管理等に対する報酬を事業者に支払います。
2.3 事業スケジュール（予定）

優先交渉権者の決定	平成　　年　　月
デザインビルド	平成　　年　　月～平成　　年　　月
	※交渉期間に少なくとも半年を確保できるように設定
契約の締結	平成　　年　　月
業務期間	平成　　年　　月　　日～平成　　年　　月　　日
	※3～5年：債務負担行為と同じ年度を設定

3．応募条件
3.1 応募者
※応募者の条件（JVやグループ応募の可否など）を記載

3.2 応募者の資格
※自治体の状況に応じて条件を設定（一般的なもの）

3.3 応募者の制限
※入札の参加停止条件等を準用

3.4 応募に関する留意事項
※「応募に関する費用が応募者の負担となること、著作権・特許権等の扱い、市からの提供資料の扱い、1応募者の複数提案の禁止、複数の応募者の構成員になることの禁止（実際に保守点検を行う業者を除く）、市内事業者の活用方法、虚偽の記載禁止」などについて記載

4．事業者選定の流れ
※応募者の資格要件の確認、最優秀（及び優秀提案の選定）、詳細協議など、事業者としての契約に至る過程と手続きを記載

5．提案募集スケジュール
5.1 日程

募集要綱の公表（○○市HPに掲載）	平成　年　月　日
募集要綱に関する質問の受付	平成　年　月　日～　月　日 ※周知を兼ねて1か月以上の期間を設定
質疑回答（流山市ホームページに掲載）	平成　年　月　日まで
参加意思表明書の提出	平成　年　月　日～　月　日 ※応募者数を事前把握することで審査がしやすくなる。なくても可
企画提案書の受付	平成　年　月　日～　月　日 ※応募開始から少なくとも2か月以上必要
プレゼンテーション	平成　年　月
最優秀及び優秀提案の選出、結果通知	平成　年　月
詳細協議	平成　年　月～平成　年　月
サービス開始	平成　年　月　日～

5.2 提案募集の手続
(1)募集要綱の公表
(2)募集要綱に対する質問
(3)参加意思表明書の提出
(4)企画提案書の提出
※上記日程表の詳細・補足をそれぞれに記載

6．審査及び審査結果の通知
※審査及び審査結果の方法について詳細を記載

7．提示条件
　応募者は、以下に提示する条件に基づき、企画提案書を作成するものとします。

7.1 事業スキーム（案）の遂行
(1)平成　年　月末日までに別紙の事業スキーム（案）に記す業務内容について、本市との詳細協議を経て契約を締結すること。
(2)契約に基づき、平成　年　月　日から業務を確実に遂行すること。
※事業内容を確実に履行することを記載

7.2 提案に関する事項
別紙の事業スキーム（案）のほかに、本事業がPPPの考え方を重視していることを踏まえ、応募者のノウハウを生かした保守管理等や施設サービスの向上について、提案すること。

> ※性能発注なので、参考とする事業スキーム（案）を超える提案を求める旨を記載

7.3 業務委託費
　本事業における業務委託費は年〇〇千円（税抜）以内（年合計〇〇千円（税抜）以内）とし、委託費は毎年度均等払いとします。

> ※債務負担行為の設定額を記載、消費税率等の変更に対応するため、税抜きとすると便利

8．提案時提出書類
8.1 提案時の提出書類
次の提出書類をＡ４縦長ファイルに綴じたものを、企画提案書として10部提出してください。
(1)提案者の会社概要（様式１－１）
(2)ビルメンテナンス等の実績一覧（様式１－２）
(3)業務の実施体制（様式１－３）
(4)業務のフロー及びスケジュール（様式１－４）
(5)積算内訳書（様式２）
(6)市内業者の活用方法（様式３）
(7)管理情報の共有[1]（様式４）
(8)＋αのサービス内容（様式５）

> ※採点表とあわせて企画提案書のフォーマットを作成。できるだけ事業者の創意工夫が発揮できるように、項目は最小限に抑えつつ自由記載できる様式とすること

---

[1]【別紙】想定事業スキーム（案）【第1章】18.管理情報の共有について、webシステム利用の有無等を含めて、どのように実施するのか具体的に提案してください。

【別紙】事業スキーム（案）

> 　下記に示す事業スキーム（案）は、優先交渉権者と本市が契約を締結するに当たっての概要（仕様書）を案として整理したものです。企画提案書作成の参考として活用してください。なお、本市との協議により、点検頻度、内容を一部変更することも可能です。
>
> > ※何をどのような水準で委託するのか、市としての意思と協議の前提条件を記載。詳細は協議で決定していくので、記載不要。

第1章
1～9.一般事項
(1) この仕様書は、○○市が所管する後段の施設所在地一覧表（別紙A）に定める公共施設の包括施設管理業務について、実施方法の大要を示すものであり、受託業務の性質上当然行うべきもの及び軽微な部分（本章10－(2)）は、事業者が実施する。

(2) 事業者は、保守点検業務を的確に行うため、総合的な管理を責任もって自主的、計画的、かつ積極的に行う。

> ※事業者の裁量が大きいこと、適正な管理の範囲で行うべきものは受託者の責任であることやその他一般的な事項（用語の定義、法令順守等）を明記。

10.応急措置等
(1) 本業務により破損又は故障箇所を確認した場合は、速やかに施設管理担当者に連絡を行い、応急措置を施す。

(2) 消耗品等（本章15）簡易な部材を用いて補修を行うことにより、当面の間、破損又は故障した施設及び機器の機能が維持できる場合は、施設管理担当者に報告の上、事業者の負担で補修する。

> ※【流山市独自項目】質の向上のため応急措置・簡易修繕を業務範囲に含むことを明記

11.緊急対応体制
(1) 事業者は災害時及び故障時において、監督職員及び施設管理担当者からの連絡を受けるため、24時間365日対応が可能な集中受付窓口を設置するとともに、出動拠点を複数設置する等「本章12.緊急対応」の内容による緊急対応体制を整備する。なお、体制整備に伴う費用は事業者の負担とする。

12.緊急対応
(1)事業者は、施設所在地一覧表（別紙A）に定める施設で発生する委託契約該当設備及び建築物の不具合について対応するものとし、監督職員又は施設管理担当者からの連絡を受けた後、速やかに作業員を現地に派遣する。
　なお、監督職員又は施設管理担当者からの承諾を得た場合は、この限りでない。
(2)上記にかかわらず、人命に関わる事態、停電、断水、その他緊急事態が生じている場合は、直ちに作業員を現地に派遣すること。

※【流山市独自項目】緊急対応について記載

17.提出書類
　受託者は、16.報告書の提出に規定する報告書の他、次により書類を提出する。
(1)監督職員に提出する書類及び提出時期は、以下のとおり
　　ア　緊急対応の都度
　　　　・異常報告速報
　　イ　点検の都度
　　　　・不良箇所報告書（点検の結果、早急に修繕の必要性が認められるもの。改修に係る費用の概算見積額を記入すること。）
　　　　・図面（不良箇所の位置を記載したもの）
　　　　・その他、第3章特記仕様書に記載のもの及び監督職員の指示するもの
　　ウ　点検実施月の翌月10日まで
　　　　・月次報告書（保守点検結果報告書・作業完了報告書）
　　　　・不良箇所管理表
　　　　（各施設の不良箇所、緊急度、修繕期限（目安）等を一覧表にまとめ、不良箇所の位置を記載した図面（平面図）及び写真等を添付する。）
　　　　・その他、第3章特記仕様書に記載のもの及び監督職員の指示するもの

※性能発注となるので、成果物は業務内容をモニタリング（検収）できるよう写真・図面などの提出を含めて、できるだけ細かく規定する。

第2章　作業一般事項
※作業の一般的な事項（事前通知）、安全の確保などを記載

第3章　特記仕様書
Ⅰ　点検・保守項目
　定期点検及び年間保守を行う業務は、以下に掲げる業務内容とする。
※点検対象となる設備項目の一覧を明記

Ⅱ 点検時期及び保守内容

Ⅱ-1 一般共通事項

(1)保守点検対象物については、特記及び別紙1～14のとおりとする。優先交渉権者は、施設担当者と現行の仕様書の内容等について十分に協議し、現行と同等以上の水準での保守・点検を行うものとする。なお、特記及び別紙に記載がない設備機器付属品等についても、本業務に含めるものとする。

> ※保守管理業務の一般事項を明記。ただし、性能発注なので「現行と同等以上の水準での保守管理」と「設備付属品等も業務範囲に含めること」を明記し、質の向上を図っている。

Ⅱ-2 特記事項

1. 自家用電気工作物保守点検業務

対象施設	別紙1「自家用電気工作物」のとおり
管理内容	電気事業法、同施行規則及び保安規程に基づき、電気工作物の維持運用に関する保安の月次点検（絶縁監視装置付・各月点検）及び年次点検を実施する。
対象機器	1.受電設備、2.変電設備、3.配電設備
点検頻度	月次点検：毎月実施 年次点検：年1回実施（精密点検は3年に1回実施） 臨時点検：必要の都度
報告書等	自家用電気工作物の月次点検・年次点検を実施したときは、点検結果を所定の用紙に記入した報告書を1部作成し提出する。
その他	事業スキームに記載されていない事項であっても、当然必要と思われる事項については、本市と協議の上、事業者の責任において処理するものとする。その他、疑義が生じた場合は、本市と事業者が協議の上、これを定める。
除外事項	1.破損又は消耗した部品の供給及び修理 2.法規の改正、官庁の命令等で生じた設備変更の場合 3.地震等自然災害及び本市の責任により機器に損害を生じた場合

> ※国土交通省の「建築保全業務共通仕様書」から抜粋し、これと現行の各設備の保守点検水準を比較しながら、契約上の仕様・水準を設定していく。以下、それぞれの設備で同様

第5章

保有施設の評価手法

1 「所管」と「利用」、双方の視点から

◉「品質」向上のための評価に向けて

　従来の公共施設の整備では、「品質」を向上させるよりも「供給」を増やすことが多く行われてきた。これは「行政サービス＝公共施設」という概念が一般的であったからと考えることができる。しかし行政サービスは必ずしも公共施設でしか提供できない訳ではない。むしろ担当する専門職員の増加や状況に対して柔軟に対応することが質の高い行政サービスの提供のために求められている。

　そこで本章では、公共施設で提供される行政サービスや人材などが所属する「所管（行政サービスを管理する部署）」と、公共施設の形態や要求条件から見た「利用（行政サービスの利用方法）」の2視点から施設の再評価を行うことで公共施設マネジメントを検討し、この2視点から施設の統廃合や用途変更など、既存の施設名や管理部門にとらわれない有効活用の検討を試みることにする。その結果、必要かつ充実した行政サービスを住民に提供できる「品質」を向上させる下地が整うことになる。

　公共施設は住民の税金で管理・運用されていることから、住民全員の共有物である。そこで、公共施設マネジメント計画で求められる、住民全員に対する行政サービスの質の向上と財政負担の削減を実現する整備手法の確立を目指すために、次に示す一連の評価手順によって公共施設を様々な角度から総合的かつ簡易的な施設評価を行う。

2 保有施設の再分類

●施設の再分類とその必要

　まず、全公共施設全体を次の2指標に分類する。
・［所管］：その施設で提供される行政サービスや人材などを管理する部署
・［利用］：その施設の利用形態・行政サービスから見た施設用途

　この［所管］と［利用］は、階層的ではなく独立した分類とした。その理由は、［所管］という縦割り行政の構造に縛られた分類だけでなく、提供される行政サービスに応じた住民による［利用］の視点からも施設を評価することで、従来の概念に縛られない新しい視点から施設マネジメントを検証することが可能になるからである。

　なお、［所管］は、「公用」「教育文化（文科省）」「福利厚生（厚労省）」「建設交通（国交省）」「警察消防（総務省・法務省）」「その他省庁」「公営企業」の7つに分類する。ここでの省名は、設置基準、補助基準などを所管している省を示している。

　一方［利用］については、「窓口サービス」「活動」「特定」「宿泊施設」「設備衛生」「倉庫通路等」「未利用」の7つに分類する。

　この2つの分類を縦横（［所管］×［利用］）の表組みにすると49（7×7）分類が可能になるため、階層的な分類を行わなくても詳細な分析が可能となる。なお［所管］と［利用］の分類基準と該当施設については、図表5-1にまとめる。

図表5-1:「所管」と「利用」の分類項目

1) 公用（庁舎など公用財産に当たる建物）
- 都道府県庁舎、市区役所、町村役場、分庁舎　など

2) 教育文化（文部科学省が基準などを管理する建物）
- 学校建物、幼稚園、美術館、図書館、旧宅　など

3) 福利厚生（厚生労働省が基準などを管理する建物）
- 保育所、保育園、職業訓練校、高齢者建物、障害者建物　など

4) 建設交通（国土交通省が基準などを管理する建物）
- 公営住宅、公営団地、駐輪場、防災倉庫　など

5) 警察消防（総務省、法務省が基準などを管理する建物）
- 警察署、交番、駐在所、消防署、機庫（消防団）　など

6) その他省庁（上記以外の省庁が基準などを管理する建物）
- 公園、体育館、集会所　など

7) 公営企業（公営企業が利用している建物）
- 浄水場、処理場、井　など

1) 窓口サービス（主に個人で利用・サービスを受ける建物）
- 庁舎、出張所、図書館、美術館、旧宅　など

2) 活動（主に運動・集会などの活動に用いる建物）
- 集会所、青年館、公園、運動公園、体育館　など

3) 特定（利用者が特定されている建物）
- 校舎、教室棟、保育園、保育所、学童保育所、管理棟　など

4) 居住宿泊（住宅・宿泊に用いる建物）
- 公営住宅、公営団地、キャンプ施設　など

5) 設備衛生（設備や衛生機器等が主に占めている建物）
- 機械室、トイレ、ポンプ室、給食室棟、検査等施設、井　など

6) 倉庫通路等（主に倉庫・通路など上記以外の建物）
- 倉庫、機庫（消防団）、駐車場、防災倉庫　など

7) 未利用（基本的に利用されていない建物）
- 未利用

●再分類の活用方法

　公共施設全体を［所管］×［利用］で分類し、その状況をさまざまな角度から把握することで、マネジメントの対象にすべき施設を客観的に選定することが可能になる。この手法を用いることで、これまで［所管］が違うために、検討が難しかった同種の［利用］施設と比較が容易になるため、管理する部署が異なる公共施設の集約化や相互利用などの検討が円滑に進む。

　また、個々の公共施設を［利用］面から見直すことで、例えば、民間のスイミングスクールと公共施設の温水プールがあった場合、公共施設は廃止しても、民間の温水プールの利用補助制度などを創設すれば、行政は維持管理費のかかる温水プールを設置・管理する必要がなくなるし、民間温水プールは市民の利用で収益の改善につながる可能性などの効果が期待できる。このように、民間施設の利用や民間企業への移行を含めた施設量（延床面積）の縮減が検討できれば、「供給」量を削減しつつ「品質」を確保する具体的な手段が明確になる。

　行政サービスと公共施設の関係を再確認し、現状の公共施設の使い方が効果的なのかどうかを、［所管］×［利用］を用いた客観的な「見える化」を行うことで、個々の公共施設のあり方や管理運営方式について、新たな視点から再評価することが可能になる。

　もちろん、公共施設の集約化・複合化の検討を行う場合、同じ［所管］に属する施設間で調整できれば、予算配分上も融通がきくことが多く、機能面においても補完関係にある場合も多いことから、実現の可能性は高いと考えられる。

　しかし、［所管］に関わらず機能上は同じ施設間で集約化・複合化が実現すれば、より効率的な施設マネジメントになる可能性が高い。特に利用者の立場から見ると、公共施設の［所管］の違いは重要ではなく、意識されていることも少ない。したがって、［利用］の面から施設の再整備を検討することは、施設マネジメントにとって有用であ

る。

　また、地理的に近い施設同士の集約化・複合化であれば、従来の利用者に与える影響は少ない。そのため、まず地域（エリア）内の施設間で集約化・複合化の検討を進めることを優先して考えて良いだろう。

図表５－２：「所管」×「利用」の分類例（佐倉市の事例から）

		利用					
		窓口サービス	活動	特定	居住宿泊	設備衛生	倉庫通路など
所管	公用	庁舎、出張所、市史編纂室					倉庫、車庫、清掃事務所管理棟
	教育文化（文科省）	図書館、美術館、スポーツ資料館、教育センター	学校体育館、公民館、スポーツ施設、市民音楽ホール	小中学校校舎、幼稚園舎、適応指導教室、教育センター		給食室、学校プール	武家屋敷、順天堂記念館文化財収蔵庫など
	福利厚生（厚労省）	健康管理センター、地域包括支援センター、子育て支援センターなど	地域福祉センター、老人憩の家、児童センター、青少年センターなど	保育所、学童保育所、児童センター、障害福祉施設、老人福祉施設など	山の家	診療所	
	建設交通（国交省）		佐倉城址公園		市営住宅	農業集楽排水処理場	駅自由通路、駐輪場、公園、緑地
	警察消防（総務省・法務省）	消費生活センター、防災啓発センター	男女共同参画推進センター				防災倉庫、防災井戸、消防機庫
	その他省庁	ふるさと広場、観光情報センター、草ぶえの丘など	コミセン、集会施設、農産加工実習所、農村婦人の家など	職業訓練校	草ぶえの丘（宿泊研修棟）、ログハウスなど	大気測定局、公衆便所	野鳥の森観察舎、草ぶえの丘
	公営企業					調整池ポンプ場、井戸	下水道中継ポンプ管理棟、地下調整池管理室など

3 保有施設の簡易評価

　適切な公共施設マネジメントが実現しているか整備計画の検証を行うためには、対象とする公共施設の状態を客観的に評価し、その結果をもって具体的な整備計画案を策定することが求められる。しかしすべての施設評価を詳細かつ迅速に実施することは、マンパワー面からも時間面からも困難である。そこで、まずは簡易な施設情報を基に何らかの不具合や問題がある可能性が高い施設を抽出し、具体的な対応を検討できる簡易評価が有効である。

　そのため、様々な視点から収集した情報を用いた公共施設の簡易評価、優先的に整備すべき施設の抽出、基本的な整備方針の提示という一連の手順を示す。また簡易評価だけでなく、早急な対応が必要な施設についても抽出を行う必要がある。

●簡易評価手法

　公共施設には、利用者が適切かつ快適に利用できる機能や環境が求められると同時に、行政サービスの円滑かつ効率的な提供を実現するために管理者である行政職員にとっても適切かつ快適に利用できる施設であることが求められる。

　そのため簡易評価では、行政サービスの質の向上を、行政の立場と住民の立場の両面から確認するため、大きく「管理者視点」と「利用者視点」という2つの視点から評価を行う。また各視点は3つの評価軸で検証を行い、各評価は客観性を示すために、基本的には2つの数値情報を用いる。これら2視点6評価12項目による簡易評価により、

迅速かつ多角的な公共施設の評価が可能となる。特に簡易評価の適用による時間コストの削減効果は非常に大きい。

なお各項目は程度が良い方から「A」「B」「C」「D」の4段階に加え、情報不足や評価対象外を「X」とする全5段階の判定を行う。また各項目の評価は明確な基準がないために、「利用」別の施設平均値を基準として評価を行う。図表5－4にその評価項目例を示す。

●「管理者視点」からみた簡易評価

「管理者視点」は、管理者の立場から見て重要なマネジメントの観点である「建物劣化度」「建物管理度」「運用費用度」の3評価6項目から構成される。

◎建物劣化度（安全性）

躯体の劣化状態から簡易的に安全性を評価するため、主に建物の工事履歴をもとに「建物劣化度」の評価を行う。

「建物劣化度」は、基本的に建物性能と耐震性能の2項目を用いて判断する。なお、建物性能は図表5－3の式のように算出を行うが、この値が低いほど、経年によって劣化が進んでいる可能性が高いと判断する。

図表5－3：建物劣化度の概算式

概算式：$\dfrac{T_n - T + T_x}{T_n}$

T_n：耐用年数（50年）
T：経年
T_x：もっとも最近、大規模改修を行った時点での築年数

◎建物管理度（健全性）
　躯体を除く施設の管理状態から簡易的に健全性を評価するため、施設に対して行われている点検報告を基に「建物管理度」の評価を行う。
　「建物管理度」は、通常建物で行うべき点検のうち、12条点検（建築基準法第12条に定められた点検）でいえば建築と消防点検に該当する2項目を用いて判断する。

◎運用費用度（経済性）
　施設の運用に必要な経費の面から簡易的に経済性を評価するため、主に建物のランニングコストを基に「運用費用度」の評価を行う。
　「運用費用度」は、基本的にエネルギー費・人件費など経常的（フロー）に必要となる費用と、改修費など建物の維持保全（ストック）に必要な費用の2項目によって判断する。

● 「利用者視点」からみた簡易評価
　「利用者視点」は、利用者が施設を利用する際の条件や利用状況を評価する観点である「設備管理度」「立地環境度」「施設活用度」の3評価6項目から構成される。

◎設備管理度（快適性）
　施設の設備を中心とした管理状態から簡易的に快適性を評価するため、施設の設備に対して行われている点検報告を基に「設備管理度」の評価を行う。
　「設備管理度」は、通常建物で行うべき点検のうち、12条点検でいえば設備に関する項目と「バリアフリー新法」への対応の2項目を用いて判断する。

◎立地環境度（有用性）
　施設の立地環境の状況から簡易的に有用性を評価するため、主に人口配置と災害に対する危険性から「立地環境度」の評価を行う。
　なお「立地環境度」は、500mメッシュ（500m×500mのマス目）

図表５−４：評価項目とその指標例（上：管理者視点、下：利用者視点）

項目	項目	評価	概要
建物劣化度（安全性）	建物性能	A	概算式の結果が45％以上
		B	概算式の結果が35％以上45％未満
		C	概算式の結果が20％以上35％未満
		D	概算式の結果が20％未満
		X	情報不足、または評価対象外
	耐震性能	A	新耐震基準（1981年6月以降）で建てられた建物
		B	新耐震基準ではないが、耐震改修済み、もしくは耐震診断で問題なしと判定された建物
		C	耐震性能に不安はないが、新耐震基準ではなく耐震診断も実施されていない建物
		D	耐震性能に不安がある、もしくは耐震診断で問題有りと判断された建物
		X	情報不足、または評価対象外
各種建物点検（健全性）	法定点検劣化診断	A	目立った問題はない：指摘無し、または対応済み
		B	微細な問題は存在するが、事故に結び付く可能性は少ない：指摘あり（要是正／改善予定有）
		C	今後事故につながる可能性があり改善が必要：指摘あり（既存不適格／対応予定有、または要是正／改善予定無）
		D	事故発生の可能性が高く早急な対応が必要：指摘あり（既存不適格／対応予定無）
		X	未実施
	消防点検	A	問題なし
		B	設備の年数経過等
		C	設備の交換・容量不足等
		D	設備の不動作等
		X	未実施、または情報なし
運用費用度（経済性）	フロー	A	用途分類「利用」毎、㎡当たりのエネルギー費・人件費の平均より−20％未満
		B	用途分類「利用」毎、㎡当たりのエネルギー費・人件費の平均より±20％
		C	用途分類「利用」毎、㎡当たりのエネルギー費・人件費の平均より+20％以上+40％未満
		D	用途分類「利用」毎、㎡当たりのエネルギー費・人件費の平均より+40％以上
		X	情報不足、または評価対象外
	ストック	A	用途分類「利用」毎、㎡当たりの改修費の平均より−20％未満
		B	用途分類「利用」毎、㎡当たりの改修費の平均より±20％
		C	用途分類「利用」毎、㎡当たりの改修費の平均より+20％以上
		D	用途分類「利用」毎、㎡当たりの改修費の平均より+40％以上
		X	情報不足、または評価対象外

項目	項目	評価	概要
立地環境度（利便性）	人口密度	A	500mメッシュの人口密度が1,000人／㎢以上
		B	500mメッシュの人口密度が250人／㎢以上、1,000人／㎢未満
		C	500mメッシュの人口密度が100人／㎢以上、250人／㎢未満
		D	500mメッシュの人口密度が100人／㎢未満
		X	情報不足、または評価対象外
	ハザードマップ	A	（土砂）災害危険箇所より200m圏外／（浸水）想定浸水範囲外
		B	（土砂）災害危険箇所から100m圏外、200m圏内／（浸水）想定浸水0.5m未満
		C	（土砂）災害危険箇所から100m圏内／（浸水）想定浸水0.5m以上2.0m未満
		D	（浸水）想定浸水2.0m以上
		X	情報不足、または評価対象外
設備管理度（快適性）	法定点検自主点検	A	目立った問題はない：指摘無し、または対応済み
		B	微細な問題は存在するが、事故に結び付く可能性は少ない：指摘あり（要是正／改善予定有）
		C	今後事故につながる可能性があり改善が必要：指摘あり（既存不適格／対応予定有、または要是正／改善予定無）
		D	事故発生の可能性が高く早急な対応が必要：指摘あり（既存不適格／対応予定無）
		X	未実施
	バリアフリー	A	バリアフリー新法に対応している（2006年12月20日施行以降に建てられた）
		B	ハートビル法改正に対応している（2003年4月1日施行以降に建てられた）
		C	ハートビル法に対応している（1994年6月29日公布以降に建てられた）
		D	上記3法のいずれにも対応していない（施行以前に建てられた）
		X	情報不足、または評価対象外
施設活用度（活用性）	利用率	A	用途分類「利用」毎、年間利用者数1人当たりの㎡数平均より±20％未満
		B	用途分類「利用」毎、年間利用者数1人当たりの㎡数平均より±20％以上、±40％未満
		C	用途分類「利用」毎、年間利用者数1人当たりの㎡数平均より±40％以上、±60％未満
		D	用途分類「利用」毎、年間利用者数1人当たりの㎡数平均より±60％以上
		X	情報不足、または評価対象外
	稼働率	A	用途分類「利用」毎、稼働率が平均より±20％未満
		B	用途分類「利用」毎、稼働率が平均より±20％以上、±40％未満
		C	用途分類「利用」毎、稼働率が平均より±40％以上、±60％未満
		D	用途分類「利用」毎、稼働率が平均より±60％以上
		X	情報不足、または評価対象外

の人口密度と、ハザードマップの浸水・土砂災害地域の2項目によって判断する。
◎**施設活用度（利便性）**
　施設の使い方や活動状況から簡易的に利便性を評価するため、主に利用頻度や施設の稼働状況などから「施設活用度」の評価を行う。
　「施設活用度」は、基本的に利用人数あたりの施設量（延床面積）と主に利用される部屋の稼働率の2項目によって判断する。

4 簡易評価を用いた整備方針

　これまでの手順により判明した12項目・5段階の評価結果をもとに、公共施設マネジメントの方向性を示す4つの整備方針を示す。

　12項目の評価項目のうち、「A」や「B」は大きな課題を抱えていないと考えられるため、必要に応じて適宜対応ができれば全体の方向性に対する影響は少ないと考えられる。一方で「C」や「D」は比較的大きな課題を抱えている可能性が高いため、再整備の必要性や緊急性が高いと判断する。そこで「管理者視点」「利用者視点」のそれぞれで「C」の数を数え、ポートフォリオ（重要な2つの指標の組み合わせから戦略のための分析をする手法）に落とし込み、今後のマネジメントの方向性を「維持継続」「利用検討」「更新検討」「用途廃止」の4つで提示する。図表5-5に施設評価のポートフォリオを示す。

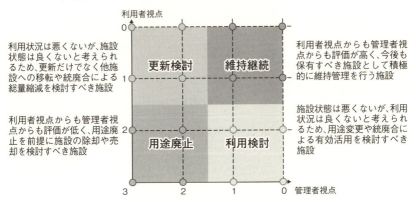

図表5-5：施設の整備方向性を示すポートフォリオ

なお、「D」は「C」に比べてより大きな問題を抱えているため「C」の2つ分としてカウントする。また「D」が1つ以上ある施設については、早急な対応を検討すべき施設とみなし、ポートフォリオの結果に関わらず「要早急対応」と判定する。

　なお、この整備方針は、実施した時点の公共施設の状況を機械的に判断した結果であり、別に考慮する事象が存在した場合や、調査後に改修などが行われた場合は整備方針も変わることになる。つまり、全庁的に統一された項目と基準によって、公共施設マネジメント担当部局と、各施設の管理担当部局との「対話」の機会を提供するものと位置づけることができる。そのため、整備方針の結果がそのまま各公共施設の具体的な方向性を決定するものではなく、今後の具体的な個別計画を策定する際に方向性を確認するための簡易評価であり整備方針であることを留意する必要がある。

5 公共施設等総合管理計画の内容

　平成26年4月22日に総務省から「公共施設等総合管理計画の策定要請」が各都道府県知事と各指定自治体自治体長に通知され、全国の地方自治体はようやく重い腰を上げて取り組み始めた。その計画、作業内容については、総務省からチェックリストが公開されている。しかし、項目が羅列されているだけであること、また具体的な内容まで示していないため、実務的には何処まで行うべきなのか判断が難しい項目が多い。図表5-6にチェックリストを示す。

　基本的には、保有する公共施設の現状→現状を踏まえたマネジメント方針→公共施設別に見たマネジメントの方向性、の順に簡易評価、整備方針の結果を公共施設等統合管理計画で明記することが求められている。さらに次節で示す整備手順と位置付けを踏まえた計画策定が望ましい。

図表5-6:公共施設等総合管理計画のチェックリスト

番号	項目	確認欄	該当箇所	備考
1	公共施設等全体を対象として計画を策定している			
2	計画期間が10年以上となっている			
3	総人口や年代別人口についての今後の見通しについて記載がある			
4	全庁的な取り組み体制の構築及び情報管理・共有方策について記載がある			
5	公共施設等の総合的かつ計画的な管理に関する基本的な考え方について記載がある			
6	公共施設等の維持管理・修繕・更新などに関わる中長期的な経費の見込みやこれらの経費に充当可能な財源の見込み等について記載がある			
7	公共施設等の数・延べ床面積等に関する目標やトータルコストの縮減・平準化などについて数値目標が設定されてある			
8	施設類型ごとの管理に関する基本的な方針について記載がある			
9	PPP／PFIの活用について検討がされている			
10	隣接する自治体区自治体村との連携など広域的視野を持った検討がされている			
11	点検・診断等の実施方針について記載がある			
12	維持管理・修繕・更新等の実施方針について記載がある			
13	安全確保の実施方針について記載がある			
14	耐震化の実施方針について記載がある			
15	長寿命化の実施方針について記載がある			
16	統合や廃止の推進方針について記載がある			
17	総合的かつ計画的な管理を実施するための体制の構築方針について記載がある			

6 公共施設等の整備手順と総合管理計画の位置付け

　各自治体がおかれている状況を的確に把握し、将来へ向けた中長期的な計画作成と戦略的な公共施設マネジメントを推進する具体的な手順を図表5-7に示す。

　この手順では、公共施設マネジメントの進捗状況により5段階(PHASE)に区分し、それぞれの段階で行うべき作業内容を明確にしている。なお各段階を順に実行することで、計画的かつ効率的な作業と実施が可能となる。

　なお公共施設等総合管理計画には、少なくともPHASE 2までの内容が盛り込まれているべきだろう。

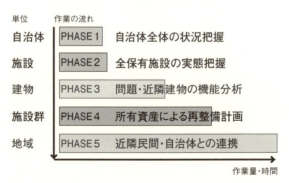

図表5-7：公共施設マネジメントの手順

●自治体全体の状況把握（PHASE 1）

　最初の段階では、自治体全体の公共施設マネジメントの方向性を確

認し、その有用性を裏付ける基本情報の整理を行うことが作業目的となる。

作業内容としては、自治体全体の公共施設の配置に加え、広く一般に公開されている人口や財務諸表などの情報をもとに、公共施設の整備状況と今後の見通しを確認することが中心になる。

なお公開情報を用いることで、他自治体との比較により、これまでの公共施設マネジメントを客観的に把握することが可能になる。この際に他自治体との差異が生じる要因を明確にすることが重要になる。

●全体保有建物の実態把握（PHASE 2）

次の段階では、個々の公共施設の実態を把握し、早急な対応が必要だと考えられる公共施設の抽出を行うことが作業目的となる。

作業内容としては、各課が管理している施設情報の整理・分析により、全公共施設の実態を把握することが中心になる。

なお公共施設マネジメントの現状や基本的な方向性を住民にも理解してもらうため、整理・分析した結果を白書や報告書として広く一般に公開することが求められる。そこでこの段階では、簡易的な評価を用いて増改築や更新が必要な公共施設の抽出を行うことになる。ここで抽出された公共施設は、別途現場でその問題箇所を確認し、今後の具体的な対応を検討する。

●対象・近隣施設の機能分析（PHASE 3）

この段階では、PHASE 2で抽出された公共施設だけでなく、その近隣にある公共施設の機能や状態を建物ごとに分析し、対象地域内にある行政サービス全体のバランスを配慮しながら具体的な公共施設マネジメントに落とし込むことが作業目的となる。

作業内容としては、用途や状態に関わらず対象地域にある公共施設の機能を洗い出すとともに、ヒアリングなどにより詳細な情報を収

集・分析しながらマネジメント計画の判断資料を作成することが中心になる。

　なお従来は基本的に施設単体でマネジメントを検討していたため、新たな行政サービスの需要に対して、施設規模を拡大するなどの対応が求められた。しかし地域で行政サービスを考えると、有効活用されない公共施設の統廃合や用途変換など施設機能の見直しでの対応が可能になる。

●保有施設による再マネジメント計画（PHASE 4）

　この段階では、PHASE 3の作業をもう一段階進め、対象地域に保有する全公共施設を対象に有効活用を検討し、行政サービスの向上を図るマネジメント計画に落とし込むことが作業目的となる。

　作業内容としては、対象地域にある公共施設の配置や状況を踏まえ、中長期的な視点から対象地域に本当に必要な施設量や配置を検証し、その具体的な方向性を明示することが中心になる。なお施設マネジメントに正解はないため、複数のマネジメント案について協議する機会を設け、その中から最終的な公共施設マネジメントの方向性を決定する手法が望ましいと考えられる。

　また公共施設自体の用途や所管課を制限せず、対象地域全体で行政サービスの総量や配置を検討できれば、個々の保有施設の活用範囲が広がるため、結果的に統廃合や用途変換などによる施設量（延床面積）、つまり管理費を縮減することに繋がる。

●近隣民間・自治体との連携（PHASE 5）

　施設マネジメントの最終段階としてPHASE 4の対象範囲をもう一段階広げ、対象施設の範囲にある民間企業や近接自治体との共同利用など、地域全体で行政サービスの充実を検討することが作業目的となる。

作業内容としては、PFI・PPPの検討、地域全体の調整、近隣自治体との合意形成が不可欠である。これには多くの関係者との調整が必要な煩雑な作業が求められるが、最も効果的な公共施設マネジメント案を示すためには欠かせない。

　この段階までのマネジメント計画を練るためには、多くの時間と手間そして人材が必要になる。そのためPHASE 5が実現している自治体は全国的にもほとんど見当たらない。しかし日本全国の自治体の多くが今後の人口減少や財政悪化が避けられないことから、今後は既存の行政サービスの枠にとらわれず、地域全体で公共施設マネジメントを進める具体的な計画を策定することが必須になると考えられる。

〈参考文献〉

堤洋樹、内山朋貴、水出有紀、池澤龍三、松村俊英「公共施設のアンケートを用いた簡易的施設評価に関する研究」「第31回建築生産シンポジウム」（日本建築学会、PP.223-228、2015年7月）

堤洋樹「公共施設は個別整備から地域整備の時代へ」『公共施設』Vol.57-1・No.208（公共施設協会、PP.8-11、2015年4月）

松村俊英、堤洋樹「施設評価における新地方公会計制度の活用について」『日本不動産学会、2014年度秋季全国大会（学術講演会）』（2014年11月）

小松幸夫（監修）　板谷敏正、山下光博、平井健嗣、五十嵐健、山本康友、李祥準、松村俊英、円満隆平、堤洋樹、有川智、門脇章子『公共施設マネジメントハンドブック「新しくつくる」から「賢くつかう」へ』（日刊建設通信新聞社、2014年7月）

橋本直子、池澤龍三、堤洋樹、水出有紀「所管と利用から見る公共施設の建物用途分類の実用性について」『日本建築学会　第30回生産シンポジウム』（PP.233-238、2014年8月）

内山朋貴、堤洋樹、水出有紀、李祥準、讃岐亮、恒川淳基「公共施設ベンチマーキング手法に関する研究 公開情報を利用した施設総量の検討」『日本建築学会 第30回生産シンポジウム』（PP.239-244、2014年8月）

水出有紀、堤洋樹、李祥準、海川拓也、恒川淳基、小松幸夫「公共施設の総量適正化を目的とした評価プロセスによる整備計画」『第29回建築生産シンポジウム論文集』（日本建築学会、PP.205-210、2013年7月）

恒川淳基、堤 洋樹、水出有紀、海川拓也「自治体間の比較分析を考慮した分類項目の検討―ＦＭ導入のための施設情報分析―」『関東支部審査付き研究報告集』（PP.125-128、2012年6月）

第6章

会計情報と施設マネジメントとの連動

1 施設管理と公会計

　現在、多くの地方公共団体（以下、「自治体」と記す）が、国が進める「公共施設等総合管理計画」の策定や「新地方公会計」の導入、さらには、「公営企業会計の発生主義化」への対応によって、自らが保有する「資産」情報の整備に取り組んでいる状況である。

図表6－1：インフラ長寿命化と公共施設等総合管理計画

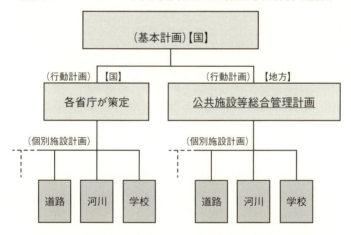

　公会計への対応が平成30年3月末、公営企業会計の発生主義化が平成32年3月末を目処とされていることを考えると、あと数年で、自治体が保有する全ての施設などを、貨幣的な価値を持った「資産」として捉え直す作業が完了するということになる。
　本章では、このように整備の進む資産に関する公会計情報と施設マ

ネジメントとの関係性について整理を行う。その中で、単に「歴史的原価」を表示するだけのバランス・シートを拡張し、将来のキャッシュフローを現在価値として表現することで、施設マネジメントを進めるうえで、意思決定に資するバランス・シートなどの表現形式を考察する。

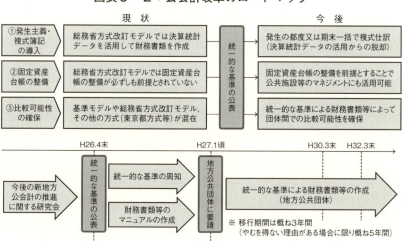

図表6-2：公会計改革のロードマップ

2 公会計上の「資産」

　固定資産台帳に整理された学校や公民館などの建物は、資産と呼ばれて、貸借対照表（バランス・シート）上に計上される。総務省[2015]によれば、資産とは、「過去の事象の結果として、特定の会計主体が支配するものであって、将来の経済的便益が当該会計主体に流入すると期待される資源、または当該会計主体の目的に直接もしくは間接的に資する潜在的なサービス提供能力を伴うものをいう」と定義されている。要するに、
① 保有している事でキャッシュが流入するか、もしくは、売却可能性がある
② キャッシュは流入しないが、行政サービス提供能力を持っているもの
というものが公的な資産になるであろう。
　民間企業などが持つ資産は、①の要件しかなく、逆に、自治体が持つ多くの資産は、②の要件しか持っていないものが多いと思われる。そのため、自治体の貸借対照表を民間営利企業のそれと同様に解釈することはできない。
　すなわち、自治体の貸借対照表が大幅な「資産超過」になっているとしても、それは、過去世代が支払ってくれた現金が、物の形になって積み上がっていることを示しているのであって、決して換金性のある物を大量に保有している、という事ではないことに注意を要する。そこで、道路・橋梁等のインフラ資産に加えて、事業用資産と呼ばれる学校や公民館などの建物を、あえて「売却価値ゼロ」とみなすなら

ば、貸借対照表は大幅な債務超過に陥っていると考えることもできる。

　さらに保守的に考えるならば、公民館や図書館など施設を保有すれば、結果として、それらの施設維持のために、毎年、「事業費」として、支出が行われるのが実態である。これらの事業費は、建物そのものの維持や更新に必要とされる「修繕費」や「更新費」と、その施設を使って営まれる「行政サービス」（事務事業）が含まれる。

　公共において、施設などは、一度作られると簡単に売却や除却されることが、民間に比べて、起こりにくいと考えられる。その際、建物が存続する間、その施設を使って営まれる「事業」も、一緒に、存続する傾向が高い。その結果、建物が存在することで生じる将来のキャッシュ・アウト・フローは、現時点で、将来の税収をかなり確実に「拘束」することがわかる。

　このような、現時点において、かなりの「確度」を持って予測できる、将来のキャッシュ・アウト・フローは、「負債」として認識すべきものと考えることも可能である。とすれば、その結果、貸借対照表は、さらに大幅な債務超過となり、将来にわたって、各世代がこの債務をどのように「平等に」負担していくのか、その方針決定が重要になる。

　もちろん、将来の税収の使い道が、現時点で拘束されてしまうからといって、それは悪いことではない。施設などについては、将来世代もその便益を享受するのであって、その負担は当然のことである。ただ、その負担割合が、将来世代が不利になるように設定されていたり、あるいは、そのような事実が知らされない状態で、一部の利用者に受益が偏っているような施設が長期にわたって存在するとなれば、そこには大きな問題が存在することになる。

　公共の施設においては、地域的な施設の偏在等が議論されがちであるが、施設の存在そのものが、将来にわたって多額の税収を拘束する

可能性を持つ事実を考えるならば、むしろ、現時点における地域間の「水平的な」不公平を論じるよりも、時間軸上における世代間の「垂直的な」不公平を論じることが、重要な視点であると考えられる。

3 施設保有コスト（将来の税収拘束額）

「施設マネジメント」の本質的意義が、その、財政的持続可能性や、世代間の衡平性を吟味することにあるなら、前述のように、その施設を保有し続けた場合、将来の税収をどれだけ「拘束」するか、をシミュレーションすることが、施設保全を考える上での、重要な視点となる。シミュレーションについては、さまざまな考え方や手法があるが、大筋としては、次の手法が適用できる。

① 保有する施設ごとに、毎年の支出額を把握する
② 固定資産台帳に入っている「耐用年数」の数字を「あと何年使うか」という、実質的な数字におきかえる
③ 「あと何年」に従って、施設を利用する分だけ、将来の税収拘束額を足して積上げる

「あと何年」という、実質的な利用年数に基いた「耐用年数」を設定できれば苦労はない、という反論が想定されるが、すべての施設をずっと使い続けることを前提にすることが正しいのかどうか。そもそも現時点で保有する全ての施設を保持し続けることが不可能であるという問題意識から、「総合施設等総合管理計画」等の策定が要請されていることを考えれば、施設マネジメントの核心は、優れて財務的な問題である。施設総数を削減せざるを得ないとすれば、自動的に、それぞれの施設をいつまで使い続けるのかという問いかけを行うことが必要となる。この意味で、第3章の7で示した「リース方式」は、「終期の設定」という意味でも先駆的な事例となる。

施設保有コスト（将来の税収拘束額）のシミュレーション

　ここでは、愛知県Ｉ市において、主だった104の施設において把握している毎年の支出額を所与として、その施設を保有し続けた場合、将来の税収をどれだけ「拘束」するかをシミュレートした実例を紹介する。

　次に掲げた４つのポイントは、今回のシミュレーションの前提であり、今後の改善点でもある。

* 施設ごとに、2014年末を基準時として、「あと何年使うか」を設定した。ただし、設定出来ないものについては、一律、「あと60年使う」とした。
* 今回行ったシミュレーションは「ケース１」として、32施設について終期設定を行った。残りの72施設については、一律「あと60年使う」としている。
* また、毎年の支出額の中には、「あと何年使うか」という年限の設定によって、最終的に施設が除売却、もしくは、更新の時期を迎えた時点での、除却費、更新費用は見込んでいない。あくまでも、保有し続けた場合の「保有コスト」を算定している。
* なお、施設の保有期間に見込まれる税収の拘束額（保有コスト）であるが、基準年（この場合は、2014年）における「割引現在価値」として、割引率２％で、各年に発生する支払額を割り引いている。

　これらの前提条件によって、①104の主要施設において、「全て60年

使う」とした場合、②32施設については、終期設定を行い、残りの72施設について「60年使う」とした場合の、それぞれの「保有コスト」は、①70,584百万円、②52,799百万円となった。またこの時、

削減率：①／②＝約75％

削減額（総額）：①－②＝17,784百万円

削減額（60年平均）＝296百万円となった。

シミュレーションに必要な数字は、耐用年数と年間の支出額である。多くの自治体が作成している図表6－3のような「施設カルテ」があれば、関連する数字を拾うことが可能になる。

図表6－3：「施設カルテ」のイメージ

公共施設 施設別データ			年度	平成25年度
施設名	羽黒子ども未来園			
施設番号	10	所管部課	子ども未来課	
大分類	社会福祉施設	中分類	子育て支援施設	

1 土地データ

所在地（中学校区）	（ 東部中学校 ）	敷地面積 (㎡)	2,161.00
		うち借地面積 (㎡)	2161

2 建物データ

構成施設	園舎	複合・併設施設	―
建築年月	昭和55	建物構造 ※1	鉄筋コンクリート造
延床面積 (㎡)	1,105.91	うち借地面積	―
総取得費（千円）	217,992	避難所指定	

3 利用状況

年間利用者数	年間開館日数	管理形態 ※2
103	293	直接運営

4 施設コストデータ

収入

内訳	金額（円）	内訳	金額（円）
利用料等	25,091,716	国費・県費	1,283,202
その他	1,184,385	市費（一般財源）	80,511,464
合計			108,070,767

支出

内訳	金額（円）	内訳	金額（円）
報酬		給料	8,000,000
賃金	24,357,816	諸償費	982,176
需用費	3,533,886	役務費	7,444
委託料	381,392	使用料及び賃借料	6,464,113
工事請負費	293,000	原材料費	
備品購入費	50,940	その他	
合計			44,070,767
利用者1人当たりの施設コスト（円） ※3	427,872	延べ床面積当たりの施設コスト（円） ※4	39,850
利用者負担の割合（％） ※5	56.94		

5 建物性能データ

耐震性能 ※6		劣化判定評価 ※7					
			屋根	外装	内装	機械設備	電気設備	屋外
耐震診断の結果、改修不要または改修済			B	B	C	B	A	B

6 内部価値データ

内部価値 ※8	市民便益 ※9
準義務的施設	11.4

7 その他

このような施設ごとのカルテに対して、「あと何年使うか」という「利用年数」を入力していく。その結果、つぎのような施設の維持費まで加味した形での、「施設ごとバランス・シート」を作成することができる。

　図表6-4において、将来の費用負担の部分は「負債」、将来の収入の部分は「資産」と読むことが可能である。建物の存続期間中、得られるであろう将来の使用料等も割引現在価値に直して、計上してある。また、施設の除却等に備えて内部留保している基金なども資産である。

　なお、図表中DCFとあるのは、Discount Cash Flowの略であり、金利2％で割り引いたことを示している。

　また、ここでは、資産の合計額と負債の合計額の差分を「純資産」

図表6-4：施設ごとのバランス・シート

（千円）

720,620	将来総維持費用（DCF）	
-	起債残高（仮）	
217,992	取得価格	
217,992	減価償却累計額	
10,000	基金残高（仮）	
410,286	将来総使用料（DCF）	
108,996	必要更新費用（仮）	
14,670	将来除却費用（DCF）（仮）	
-424,001	**純資産（時価評価）**	

-424,001	維持不足額（＝純資産の額）
-21,200	今後20年維持に必要な年間費用（＝各世代の負担額／年）・・・a
-206	上記の利用者一人当たりにかかる費用
-0.28	a／人口

と定義している。この額がマイナスになっているということは、この施設の維持が債務超過にあることを示しており、この債務超過分を、将来の税収で賄って行かざるを得ないことを示している。また、利用年数（この例では20年）で、その債務超過額を除すれば、1年当りに必要な財源が計算できる。ここでは、21,200千円となっている。

　ここで、カルテに、利用者に関する情報があれば、利用者一人（年）当たりの必要コストが弾かれる。図表6－4の例では、206千円となっている。さらに、基準年の住民人口総数で、206千円を割れば、住民一人当たりの負担額が計算できる。この例では280円である。

　この場合、圧倒的多数の「負担市民」が広く薄くコストを負担しつつ、特定の利用者だけが「受益市民」として、かなり高額のサービスを受けていることが見て取れる。

5 耐用年数から利用年数へ

●「耐用年数」の考え方

　現在、多くの自治体において行政評価、あるいは、事務事業評価という作業が行われている。これは、各担当課において、予算が執行される「事業」の単位で、そのような事業の執行が、その事業目的に照らしあわせて、妥当なものであったかどうかを、評価指標の設定によって、事後的に吟味するものである。

　多くの場合、その事業に配当された直接事業費が参考的に付され、その予算額の妥当性も吟味される。しかしながら、このような評価業務の多くが、事業の統合、廃止などの具体的意思決定に結びついていないのが実情である。そこでは、多くの事業が行政施設を利用することなしには成り立たないにも関わらず、その施設利用コスト（減価償却費が該当する）を明示的に取り扱って行われるケースは少ない。結果的に、利用料金の設定や、民間への委託に際して原価構造を分析する、といった、「フルコスト」を明示した上での意思決定に繋っていないので、予算で計上される直接的な維持管理コストのみで、「妥当」と判断され、事業の統廃合に結びつかない傾向にある。

　「フルコスト」とは多義的に使われる用語であるが、ここでは、減価償却費に代表される発生主義会計情報や、間接人件費などの適切な賦課が行われているか、ということを問題にしている。

　減価償却費は、施設の現在価値をその利用年数に従って各年に分配する機能を持っており、その施設の「利用料」と考えるべきものである。また、間接人件費については、単に施設運営に関わる多くの関係

者のコストをはっきりさせるものであり、その施設を使った事業をそのまま自治体が継続することが「安くつくのか」あるいは、民間に任せた方がコスト的に助かるのか、そのような判定を行う際には欠かせない項目である。もちろん、外部委託などを考える際には、その事務負担等の発生によって生じる間接人件費も考慮の対象となる。

　フルコスト情報は、特に、発生主義科目である減価償却費や各種引当金の繰入額などは、公会計から供給される情報である。ただ、減価償却費などは固定資産台帳を作成することで、自動的に施設ごとに算出されるが、他方で、施設ごとの水道代や電気代、修繕費などの経費データについては、意識的にデータ取得を心掛けなければ入手できない自治体が多い。予算額は事業ごとに積算されるものの、決算額は事業ごとに仕分ける作業が難しいからである。

　データ取得に際しては、現在、東京都下の団体を中心に広まりつつある「日々仕訳」といわれる方法で、日々の仕訳を通じて支払伝票起票時に費用を分配するか、あるいは、日々の会計処理においてはまとめて支払っておいて、決算時に、別途施設ごとに費用データを分解する作業を行う必要がある。

　いずれにしても、施設ごとにフルコストを割りつけることができれば、残された作業は、施設と事業の関係を定義するだけである。どの事業がどの施設を使って行われているか、という関係である。1事業1施設であれば簡単であるが、その様なケースは、むしろ少ないであろう。事業n：施設mという関係にある場合には何らかの基準を設定して、施設で発生しているコスト情報を事業に「配賦」する必要が出てくる。

　このような作業を通じて、施設は、主に減価償却費という会計情報を媒介として事業に接続される。公会計の本来の機能はこの様にカネとモノ（サービス）を結びつけるところにある。

図表6-5：減価償却費のイメージ

【発生主義会計における減価償却のイメージ（車100万円、耐用年数5年）】

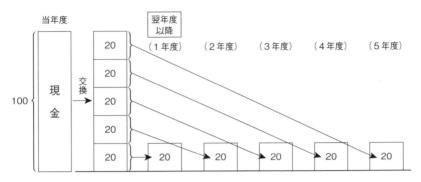

　フルコスト情報を得て、事業評価で行うべきことは、視座を将来に向け、これまで連綿と行われてきた事業の再定義・解釈のし直しである。これからの世代が真に必要とする事業は何かという視点で、現在の事業を見直す必要がある。その結果としての、事務事業の改廃・再編を通して、単なる貸館的な施設は不要になるかもしれない。あるいは、向こう20年間は子育て施設の充実が必要になるかもしれない。また、ある施設は売却して、そこで行われていた事業は、民間に委託した方が効率的・効果的かもしれない、という評価（判断）が進められる可能性が高くなる。

　このように、将来に向けて必要な事業は何かという議論することで、個々の施設の「定め」が決まるのが望ましいのではないだろうか。このような検討で、施設ごとに「あと何年使う」ということを措定することができれば、その定めた年数に従って、個別施設にどのような処置を施さなければならないか、が決まってくる。

　図表6-7では「あと何年使うか」という年数を「利用年数」として表現している。この用語は、いわゆる、税法上の耐用年数とは別物

図表6－6：公会計で使われる主な施設の耐用年数表

番号	用途名称	A 鉄骨鉄筋コンクリート	B 鉄筋コンクリート	C 鉄骨コンクリート	D 無筋コンクリート	E コンクリートブロック	F レンガ造	G プレストレスコンクリート	H プレキャストコンクリート	I 土蔵造	J 鉄骨造	K 軽量鉄骨造	L 木造
1	庁舎	50	50	38	41	41	41	50	50	22	38	30	24
2	事務所	50	50	38	41	41	41	50	50	22	38	30	24
3	倉庫・物置	38	38	31	34	34	34	38	38	14	31	24	15
4	自転車置場・置場	38	38	31	34	34	34	38	38	14	31	24	15
5	書庫	50	50	38	41	41	41	50	50	22	38	30	24
6	車庫	38	38	31	34	34	34	38	38	15	31	25	17
7	食堂・調理室	41	41	31	38	38	38	41	41	19	31	25	20
8	陳列所・展示室	50	50	38	41	41	41	50	50	22	38	30	24
9	校舎・園舎	47	47	34	38	38	38	47	47	20	34	27	22
10	講堂	47	47	34	38	38	38	47	47	20	34	27	22
11	給食室	41	41	31	38	38	38	41	41	19	31	25	20
12	体育館	47	47	34	38	38	38	47	47	20	34	27	22
13	集会所・会議室	47	47	34	38	38	38	47	47	20	34	27	22
14	公民館	50	50	38	41	41	41	50	50	22	38	30	24
15	保健室・医務室・衛生室	50	50	38	41	41	41	50	50	22	38	30	24
16	脱衣室・更衣室	47	47	34	38	38	38	47	47	20	34	27	22
17	保育室・育児室	47	47	34	38	38	38	47	47	20	34	27	22
18	案内所	50	50	38	41	41	41	50	50	22	38	30	24
19	寮舎・宿舎	47	47	34	38	38	38	47	47	20	34	27	22
20	洗場・水飲場	38	38	31	34	34	34	38	38	14	31	24	15
21	浴場・風呂場	47	47	34	38	38	38	47	47	20	34	27	22
22	便所	38	38	31	34	34	34	38	38	14	31	24	15
23	教習所・養成所・研修所	38	38	31	34	34	34	38	38	14	31	24	15
24	温室	38	38	31	34	34	34	38	38	14	31	24	15
25	小屋・畜舎	38	38	31	34	34	34	38	38	15	31	25	17
26	火葬場	50	50	38	41	41	41	50	50	22	38	30	24
27	葬祭所・斎場	50	50	38	41	41	41	50	50	22	38	30	24
28	霊安室・死体安置室	50	50	38	41	41	41	50	50	22	38	30	24
29	焼却場	38	38	31	34	34	34	38	38	14	31	24	15
30	塵芥集積所	38	38	31	34	34	34	38	38	14	31	24	15
31	処理場・加工場	38	38	31	34	34	34	38	38	14	31	24	15
32	監視所・観察所	50	50	38	41	41	41	50	50	22	38	30	24
33	滅菌室	38	38	31	34	34	34	38	38	14	31	24	15
34	濾過室	38	38	31	34	34	34	38	38	14	31	24	15
35	計量器室	38	38	31	34	34	34	38	38	14	31	24	15
36	ポンプ室	38	38	31	34	34	34	38	38	14	31	24	15
37	ボイラー室	38	38	31	34	34	34	38	38	14	31	24	15
38	配電室・電気室	38	38	31	34	34	34	38	38	14	31	24	15
39	住宅	47	47	34	38	38	38	47	47	20	34	27	22
40	住宅付属建物	47	47	34	38	38	38	47	47	20	34	27	22

※「新地方公会計制度実務研究会報告書」の別表B3に基づき作成している。
出典：「減価償却資産の耐用年数等に関する省令」（昭和40年大蔵省令第15号）

である。税金計算のために、一律に決められた受動的な数字ではなく、実際に施設を保有して、それを利用する事で便益を受ける住民が、受益と負担を十分に理解した上で、能動的に設定するのが、真の「利用年数」である。

　公会計においては、図表6－6にあるような、旧大蔵省令による耐用年数が採用されることが多いと思われる。しかし、一般に、税耐用年数は、税金を支払う立場である民間企業が一律に採用する必要があるのであって、自治体からすると、施設の設置・利用に対して、そのような「統一的な」耐用年数を採用する意味はさほど重要とは思えない。

　公共施設の減価償却費に求められる機能が、費用の適切な期間配分にあるとすれば、その施設を利用する世代に対してのみ、減価償却費が配分されるように、耐用年数が設定されるべきである。

　このような発想に立てば、各自治体において、個々の施設を「あと何年利用するか」という視点からの耐用年数、すなわち「利用年数」を設定して、毎年の減価償却費を計算することに合理的な説明ができることになる。

●「配賦基準」の考え方

　「自治体」全体を捉えた場合に、それを構成する下位の組織や構成物の単位（すなわち施設や事業など）を「セグメント」と呼ぶことがある。元々は、企業の決算書における事業区分のことであり、事業の種類別、親会社・子会社の所在地別等で財務情報を分類するために用いられる概念である。自治体におけるセグメントは、款・項・目、事業などの伝統的な予決算の区分のほかに、施設や地域など、さまざまな切り口が考えられる。

　例えば、事業別にセグメントされた行政コスト計算書の人件費はどのように計算されるであろうか。予算編成の段階から、直接事業ごと

に、その事業に関わる職員の人件費が細分化されているのであれば、問題はない。しかし、そのような予算編成を行っている自治体は例外的である。多くの場合、職員人件費などは、直接に事業に紐付いた形では予算化されず、その事業の上位階層である、総務部門の項・目のレベルに「平均給与額に職員数をかけた数字」としてまとめて計上されているケースが多い。したがって、その人件費を配下の事業に割り当てる作業が必要となる。この割当て作業を配賦と呼ぶが、その配賦を行うさいの基準に何を採用するかが問題となる。

もっとも大雑把な基準は、例えば、直接事業費の金額をもって按分する方法である。しかし、大きな直接事業費を持っている事業だからといって、多くの人件費を費消しているとは限らないので、必ずしも合理的な配賦基準とは言い難い。次に考えられるのが、事務事業評価などで良く見られる「人工（にんく）」という概念を配賦基準にすることである。この人工というのは、事業を所管する担当課の職員について、年間を通じてどの事業にどれだけ携わったか、という従事割合を感覚的に数値化したものである。

例えば、一人の職員の年間総労働時間を100として、その職員がA事業に30％、B事業に20％、C事業に50％の労働時間を投入した場合、それぞれの人工は0.3、0.2、0.5ということになる。その職員の年間給与額をそれぞれの人工に乗ずれば、事業に賦課すべき人件費コストが計算できる。

さらに、この人工の概念をもう少し掘り下げて、つまり、感覚的にではなく、どのような作業を何時間（あるいは何日）行ったか、という「活動基準」によって、配賦することができれば、コスト情報はより正確になると同時に、業務改善の糸口をえることにも繋がる。

これが、「ABC（Activity Based Costing：活動基準原価計算）」として知られている手法である。つまり、職員が行う作業に値札を貼付けて、配賦基準をより直課（直接配賦）に近づける形で原価計算とし

ての精度を上げつつ、同時に、業務改善の視点から、作業そのもののコストに着目する。そもそもその作業が必要なのか、止められないのか、あるいは、必要だとしても、その作業の担い手を変えることで、つまり、機械化したり、より給与の低い職員に担当させたり、その作業を丸ごと民間に外部委託することで、コストの低減と質の向上を図ることはできないか、というようなシミュレーションを行い、最適な事業執行方法を検討する。

　ABCの採用は、一般的にその活動量の計測が煩瑣であるとされており、敬遠されがちである。しかしながら、ある施設に機能の集約化を行うような場合には、既存の業務フローをそのままにして新たな機能を持込むだけで、効率的なサービス提供ができるかどうかと考える必要がある。施設の見直しには、業務フローの見直しが必要であり、業務フローを見直すことで、結果として、不要な施設空間をあぶり出すことができる。また、今後、増大する行政ニーズに、少ない人員で対応せざるを得なくなった場合、生産性の向上は不可欠となる。生産性の向上においては、職員のスキルアップやIT化も必要であろうが、何よりも、不要な作業の「しわ取り」が重要であることは間違いない。

● **業務改善の視点**

　行政サービスの提供に関し、提供側の作業から始まって、最後に顧客（住民）にサービスが渡されるまでの業務プロセスをコストの形で把握するのがＡＢＣであり、業務＝活動＝Activityに着目して、マネジメントに活用しようとする視点が「ABM（Activity Based Management）」と呼ばれる手法である。

　ABMにおいては、コスト情報を重要視する一方で、その活動の質や担い手にも配慮しながら行う必要がある。ただ、サービスの質が不変であったり、その担い手が誰であっても良いのであれば、税金を

使って行う行政サービスとしては、コストの安い方法を採用するのが当然の事である。この時、作業の担い手が民間に移行するのであれば、それは、指定管理、事務委託、あるいは、それらを総称して「BPO（Business Process Outsourcing）」と呼ばれる。

このように、ABMにおいては、活動やプロセス単位で、人（民）と人（官）や人とシステムに関するコストを比較できる。このためには、活動コストの正確さ、正統性が求められるが、既存の事務事業評価などにおいて散見されるように、活動量で分解すべき人件費に「平均人件費」を用いて計算すると、比較可能性を失ってしまう。

行政側の説明としては、人事ローテーションで、たまたま、今年、ある事業に配属された人の人件費が高ければ、活動コストが高くなるので、過去、人件費の低い職員が行っていた時との比較可能性を欠く、というものである。しかし、これはロジックが逆で、昨年までの安いコストで行われた事業の評価が大過ないものであるなら、その品質を保つためのコストとしては、十分であったということになる。逆に、今年、高い活動コストを投入して行うのであれば、アウトプットも、当然、それに見合った高いものにならなければならない。であるから、活動に投入する人件費は平均ではなく、その年の「直接」人件費でなければならない。

さらには、民間企業が、間接経費や減価償却費なども含めた「フルコスト」情報を使って経営していることを考えれば、仮に、行政が民間に事業を委ねることを考える場合、彼ら（民間企業）が使う会計言語（つまり発生主義・フルコスト）を使って会話することが必要になる。

BPOは、単にコストが安くなる、というだけでは、官民給与格差を無批判に首肯する危うさもあわせ持つが、他方で、BPOの結果、地域の住民が雇用され、地元で消費するというサイクルを作り出すことができれば、地位経済に好影響が生じることになる。BPOの結果

として、地元に還元される経費（地元還元経費）を算出すれば、その効果を貨幣的に測定することが可能になる。このような「説明責任」が、今後は重要視されると考えられる。

　コスト情報を使って行うべき作業としては、使用料・手数料の見直しがあげられる。公共部門においても、これまでもずっと、受益と負担の関係が比較的はっきりと認識出来るような財・サービスについては、一般会計とは区分されて経理が行われてきた。しかも、発生主義会計を用いて、減価償却費を明示的にすることで、事業に投下された資本コストも、きちんと、使用料・手数料で回収するメカニズムを持っている。例えば、上水道や交通、病院などのサービスである。

　結局のところ、公会計を一般会計・普通会計に持ち込もうとする動因も、このメカニズムを採用できる分野がもっとあるはずだ、という問題意識にほかならない。一般会計等で行われている事業には、単に、所得の移転を行っているだけのものや、排他性がなく、広く薄く税金としてコスト回収せざるを得ないものも多く含まれているため、

図表6－7：施設マネジメントとバランス・シート

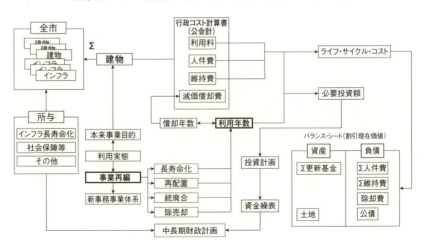

公共における財務情報は、その利活用を効果的に行うためにセグメント別の財務情報の開示が、どうしても必要となる。

●財政計画への連動

　施設について「あと何年使うか」を設定することで、その年数にあわせて、必要な更新費用や維持補修費用が定まってくる。それこそが、施設の「ライフ・サイクル・コスト」であり、施設保有コスト（将来の税収拘束額）でもある。仮に、将来発生し続けるキャッシュ・アウトの予測精度が高いのであれば、それらをかき集めて、現在価値として評価し、負債として認識することで、より、意思決定に際して重要な会計情報、メッセージを提供できる可能性がある。

　図表6-7右下にある「バランス・シート」の部分は、そのように施設の存在に伴って将来拘束される税収を負債として認識して、貸方計上したものである。先に見た図表6-4と同じ表現形式である。当然、施設の存在に伴って将来にわたって発生する使用料・手数料も集計し、借方に資産計上してある。

　この貸借の差が純資産であるが、多くの施設については、大幅なマイナスになるはずである。このマイナスについては、施設を保有し続けるという選択を行ったのであれば、税収として負担することになる。ここで、このようなマイナスの純資産、すなわち、将来の税収拘束額を将来の住民が世代間でどのように負担すべきか、という問いかけが設定される。施設利用に関して、たまたま生まれた年が違うからといって、著しい不衡平が生じて良いはずはない。この問に対して何らかの解を与えるように、新しい財政計画は設定されなければならないはずである。

●世代会計による平準化

　この問に対する定まった解は、現時点においては確定できていない

が、いくつかの前提をおいて、世代間の受益と負担の関係を明らかにしようとするツールも存在している。それは「世代会計」(Auerbach et al. [1991]) と呼ばれるが、これらのツールを援用することで、施設マネジメント上の意思決定を、自治体の予算編成に反映させ、ひいては、世代間財政負担の不公平を解消することに繋げる手法を検討できる。

世代会計とは、現在の財政や社会保障等を中心とする行政の支出・収入構造と、今後実施されることが明らかにされている政策（例えば、年金支給年齢の引き上げ、医療保険の自己負担率引き上げなど）を、前提とした場合、どの世代が得をし、どの世代が損をするのか、定量的に評価する枠組みである。Auerbach et. al. [1991] において、初めて考え方が提示され、日本でも、内閣府 [2004] などで、分析が試みられている。

将来において行政を清算する場合（もしくは、行政が破産しないで永遠に存続できるとした場合）、将来世代の債権もしくは債務額がいくらになるかを現時点の金額で評価するものである。

住民から見た場合、税・社会保険料等は行政が個人から徴収するため「負担」、年金・医療等の給付（移転支出）は個人が政府から受け取るものなので「受益」と考える。この負担から受益を引いたものを「純負担額」と呼び、それを年齢別に推計したものが「世代会計」となる。

留意点としては、過去の受益／負担の推計は難しいことがあげられる。通常の世代会計では、推計時点ですでに生まれている世代について、残りの生涯（現在の「ゼロ歳世代」は例えば、あと100年生きると考える）の期間における「負担」「受益」のみがカウントされる。つまり、生涯純負担が計算できるのは、推計時点で生まれたばかりの「ゼロ歳世代」とまだ生まれていない将来世代だけとなる。したがって、すべての世代の世代勘定を比較するには、過去分の受益負担を、

別途推計する必要がある。

　また、政策変更の影響を捨象して考えざるを得ない、という制約もある。本来、増税など、ある政策の変化は、家計や企業の行動を変化させ、経済状況（経済成長率や利子率）も影響を受けるが、世代会計では、簡単化のため、政策の変化が家計や企業与える影響を無視して考える。

　さらに、世代「内」の格差は表現できないという限界もある。政府債務を「誰が」払うのかという問題に答えるためには、「どの世代が」払うのかだけでなく、「その世代の誰が」払うのかについても考える必要があるが、所得再分配をどう考えるかという問題でもあり、世代内再分配まで同時に踏み込んで考えるのは容易ではない。

　世代会計推計の作業手順としては、次のようになる。

* 現在のゼロ歳世代が死亡するまでの今後100年間にわたって、団体の年齢別人口を推計する。
* 基準年（例えば、2014年度）団体の歳出項目を「受益」と考える。
* 基準年市の歳入項目を「負担」と考える。
* 基準年「受益」「負担」の各項の金額を、それぞれ、受益する世代、負担する世代に割り当てる（配賦する）。
* 基準年の各年齢別人口で、一人当たりの受益／負担額（純負担額）を計算する。
* 上記で計算した各年齢別・一人当たり純負担額を、予め推計しておいた将来の人口推計を使って集計する。

　これらの集計を行った後に、例えば、自治体が力を入れている産業振興事業が奏功し、地域内の経済成長率（つまり、所得が増える）などの影響が、長期のトレンドにどのように影響を与えるかについて、

シミュレーションすることが可能になる。あるいは、団体が力を入れている子育て世代招致施策が効果を上げ、若年人口や生産年齢人口が増えた場合のインパクトはどのようになるかについて、計算することが可能である。

　また、歳入不足を公債などで賄っている場合は、適宜、負担額の増額（受益額の減少）など、いくつかのシナリオを適用して、財政運営に持続可能性があるかどうかを検討することができるようになる。

　実際に、愛知県Ｉ市におけるシミュレーション結果では、2014年生まれの世代と2025年生まれの世代においては、生涯の超過受益額において、一人当たり120万円程度の差が生じる結果を得ている。一人当たりでみると大した額ではない様に思われるが、世代としては6億円の開きである。

　これからの予算編成においては、このような「世代間格差」が極力生じないような形で、取組むことが肝要である。日本の不平等を考えると、「あちらに公民館があるのにこちらにはないから悔しい」といった水平的なものよりも、世代間を通じた強制的な所得移転が、より深刻な問題だからである。

●まとめ

　本章では、多くの公共施設が持つ資産性について、施設が拘束する将来税収を「負債」とみて、バランス・シートの右側からアプローチすることを行った。そして、将来のキャッシュ・アウト・フローを割引現在価値によって、時価評価することによって、その議論の延長線上に、「世代会計」の様なツールを接続できる可能性を示した。

　施設は、最も流動性の高い現金という資産を固定化し、長期にわたって拘束し続ける。将来の自治体を取り巻く外部環境が、過去に比べてより不確実性を増す中、資産の流動性を手放すリスクは、過去よりも格段に増してきているといえるであろう。

参考文献

内閣府［2014］「インフラ長寿命化基本計画」
総務省［2014］「公共施設等総合管理計画の策定要請」
総務省［2014］「今後の地方公会計の整備促進について」
総務省［2015］「地方公共団体における財務書類の活用と公表について」
内閣府［2004］「平成17年度経済財政白書」
Auerbach et al.［1991］Generational Accounts: A Meaningful Alternative to Deficit Accounting"Tax Policy and the Economy"

●プロフィール

南　学（みなみ　まなぶ）（序章・第1〜第3章）
東洋大学　客員教授
1953年、横浜市生まれ。77年、東京大学教育学部を卒業後、横浜市役所に就職。89年、海外大学院留学派遣でカリフォルニア大学（UCLA）大学院に留学後、市立大学事務局、市長室、企画局を歴任し、00年静岡文化芸術大学文化政策学部助教授。神田外語大学教授、横浜市立大学教授、神奈川大学特任教授を経て現職。自治体の経営・マネジメントを研究。また、行政刷新会議の事業仕分けにも民間評価者（仕分け人）として参加。著書に『自治体アウトソーシングの事業者評価』（学陽書房、2008年）、『行政経営革命』（ぎょうせい、2003年、共著）、『横浜市改革エンジンフル稼働』（東洋経済新報社、2004年、共著）など多数。

寺沢弘樹（てらさわ　ひろき）（第4章）
特定非営利活動法人日本PFI・PPP協会　業務部長
1975年、清水市（現静岡市）生まれ。01年、東京理科大学大学院理工学研究科を修了後、流山市役所に就職。公共施設の営繕、建築指導、企画、教育委員会、都市計画、管財部門を歴任し、14年にはファシリティマネジメント推進室の創設に伴い初代室長に。16年から現職。公務員時代にはデザインビルド型小規模バルクESCO、包括施設管理業務委託、事業者提案制度など、様々なファシリティマネジメント施策を企画・実践。現在は、全国の自治体、民間企業とともに実践的な公共施設マネジメントに取り組む。また、これまでに自治体等FM連絡会議代表幹事、JFMA公共施設FM研究部会副部会長、文部科学省学校施設の長寿命化計画策定に係る手引作成検討会委員、ふるさと財団公民連携アドバイザー等を歴任。

堤　洋樹（つつみ　ひろき）（第5章）

前橋工科大学　准教授

1972年生まれ。博士（工学）、専門は建築経済、建築生産、建築構法。早稲田大学助手、北九州市立大学エンジニアリングアドバイザー、九州共立大学准教授を経て現在に至る。建物の長寿命化の実現に向けソフト・ハードの両面から研究を行う。豊島区公共施設等総合管理計画策定委員会委員長（〜2016年3月）、豊島区公共施設管理方針検討委員会委員（〜2015年3月）、会津若松市・長崎市・目黒区・港区のアドバイザー、日本建築学会建築ストックマネジメント小委員会幹事等を兼任。公共施設管理に関する著書に『公共施設マネジメントハンドブック』（共著、建設通信新聞社、2014年）。

松村俊英（まつむら　としひで）（第6章）

ジャパンシステム株式会社　公共事業本部　ソリューションストラテジスト

早稲田大学政治経済学部経済学科卒。
首都大学東京社会科学研究科経営学専攻博士前期課程終了。

銀行員、経済研究所研究員、企業経営者　などを経て、現職。
専門は、公会計、管理会計、行政評価。

著書に、共著『地域金融機関のABC原価計算』（近代セールス社、2007年）、編著『「基準モデル」で変わる公会計』（東峰書房、2010年）、共著『公共施設マネジメントハンドブック』（日刊建設通信新聞社（2014年）。
対外活動等として、内閣府官民競争入札等監理委員会　専門委員、一般財団法人建築保全センター　客員研究員、前橋工科大学建築学科　客員研究員、早稲田大学パブリックサービス研究所　招聘研究員ほか。

先進事例から学ぶ
成功する公共施設マネジメント
校舎・体育館・プール、図書館、公民館、文化施設、
庁舎の統廃合と利活用の計画から実践まで

2016年10月25日　初版発行
2019年 8 月26日　4 刷発行

編著者　　南　　　学
発行者　　佐久間重嘉
発行所　　学　陽　書　房
〒102-0072　東京都千代田区飯田橋1-9-3
（営業）電話　03-3261-1111　FAX　03-5211-3300
（編集）電話　03-3261-1112
振替口座　00170-4-84240
http://www.gakuyo.co.jp/

装幀／佐藤　博
DTP制作／みどり工芸社
印刷・製本／三省堂印刷

Ⓒ Manabu Minami, 2016, Printed in Japan
ISBN 978-4-313-12115-7　C3033
※乱丁・落丁本は、送料小社負担にてお取り替え致します。

ここまでできる
実践 公共ファシリティマネジメント

公共施設白書の活用から、施設の統廃合、庁舎新設、複合施設化、廃校・遊休施設の活用まで

小島 卓弥〈編著〉　　定価 本体2,800円＋税

＊自治体の庁舎・ハコモノの遊休施設や空きスペースの有効活用策、窓口レイアウトやオフィス環境の見直しを行うことで効率化を進めるファシリティマネジメント！

＊費用対効果が高いこの手法を事例とともにわかりやすく解説しており、どの自治体でも実践できる！

＊成功事例・失敗事例を整理したほか、自治体の保有する施設のすべての状況を把握し、活用等を行うマネジメントの方法も示す。

公共施設が劇的に変わる
ファシリティマネジメント

オフィスの効率化・窓口改善から遊休施設・廃校舎・空きスペースの活用、災害対応まで

小島 卓弥 編著　八上 俊宏 共著　金城 雄一 共著
定価 本体2,800円＋税

＊空き校舎の活用や災害対応のポイントがわかる！

＊効果的な施設活用と快適なスペースで住民も職員も満足度が高まる！

＊市町村合併による施設のダブりや少子化による廃校など過剰な施設を持つ自治体に不可欠。財政が逼迫する中、歳出減や歳入増をもたらすことが可能になる！

＊費用対効果が高いこの手法を事例とともにわかりやすく解説する。

※公営財団法人 日本ファシリティマネジメント協会主催「第8回ファシリティマネジメント大賞（JFMA賞）」において奨励賞を受賞いたしました。